JN086236

経営法友会 会社法研究会 編

監査役ガイドブック

全訂第4版

A GUIDEBOOK FOR
CORPORATE AUDIT &
SUPERVISORY BOARD MEMBERS

The Association of
Corporate Legal Departments

商事法務

全訂第 4 版刊行にあたって

令和元（2019）年 12 月 11 日に公布された改正会社法が、本年 3 月 1 日から施行されました。また、上場会社では平成 27（2015）年から適用されているコーポレートガバナンス・コードが本年 6 月に改訂、適用が開始されました。

全訂第 4 版では、これらの法令改正や制度改正等に対応することはもとより、監査等委員会設置会社も 1,100 社を超えるに至っていることから、新たに章を設けて監査等委員会設置会社制度を概観できるようにしたほか、読者の皆さまにご理解いただけるように全体を通じて内容を改めるとともに、資料編も本文の理解の助けとなるよう再構成しました。

新任の監査役の方を始め、日々忙しくご活躍されておられる監査役の方々、そして監査役の方々をサポートされるスタッフの皆さまのお役に立てていただければ幸いです。

なお、本書の内容については、アンダーソン・毛利・友常法律事務所の弁護士の皆さまから、大変有益なアドバイスをいただきました。この場をお借りし、厚く御礼申し上げます。

2021 年 7 月

経営法友会
会社法研究会

全訂第3版刊行にあたって

　本書の全訂第2版が刊行されてから5年が経過しました。

　今回の全訂第3版では、平成27年5月1日施行の改正会社法をはじめ、全訂第2版が刊行されてから今日に至るまでの状況・変化をふまえて全体を整備し、これまでどおり、監査役（会）設置会社における監査役の機能・役割についての基本事項を網羅し、できる限り実務の参考となるよう努めました（また、監査役の機能・役割に加えて、指名委員会等設置会社および監査等委員会設置会社における監査委員の機能・役割についても適宜解説を加えております）。

　実効性のあるコーポレート・ガバナンス、そしてよりいっそう深化・高度化するコンプライアンス経営のために、監査役に期待される役割はこれまで以上に大きくなってきているといえます。現任監査役の方、新任監査役の方、そして監査役の方をサポートされるスタッフの方々に本書をこれまで以上にご活用いただけましたら幸いです。

　なお、本書の内容については、アンダーソン・毛利・友常法律事務所の弁護士の先生方に大変有益なアドバイスをいただきました。厚く御礼申し上げます。

　平成27年4月

経営法友会
会社法研究会

〔全訂第2版〕刊行にあたって

　平成17年に会社法が成立してから5年が経過しようとしています。当初は、施行に向けた法制度の周知と社内体制の整備等が喫緊の課題でしたが、現在は、実効性ある内部統制システムが整備され機能しているかどうかがより重視されるようになっています。すなわち、株主を始めとするステークホルダーの意識がこれまで以上に高まる中、コンプライアンス経営が全社に意識として浸透しているかどうかがさらに強く問われてきているといえます。

　会社法施行後、会社実務をめぐる法務省令等の改正は見られたものの、とくに監査役制度自体については大幅な法改正はありませんでした。しかし、コーポレート・ガバナンスをめぐってはさまざまな検討が進められており、最近では、公開会社法制などの観点から活発な議論がみられます。平成22年2月24日の法制審議会では、「会社法制について、……会社を取り巻く幅広い利害関係者からの一層の信頼を確保する観点から、企業統治の在り方や親子会社に関する規律等を見直す必要がある」と諮問されましたが、監査役の役割等への関心も高まることが予想されます。今回の「全訂第2版」では、このような会社法施行以降、

今日に至るまでの状況を踏まえて、内容全体を整備しました。

　会社法制の改正動向については今後も引き続き留意する必要がありますが、本書では、これまでどおり監査役の機能・役割についての基本事項を網羅して、座右の書としてできる限り現状の実務の参考となるよう努めました。新任監査役の方を始め、日々忙しくご活躍されておられる監査役の方々には、引き続き本書をお役に立てていただくことになれば一層の幸いです。

　　平成22年3月

経営法友会
会社法問題研究会

監査役ガイドブック〔全訂版〕刊行にあたって

　本年5月1日に会社法が施行されました。今改正は、会社法を経済社会の基盤インフラととらえ、日本経済の活性化のための環境整備を行うとの観点から、会社経営の機動性・柔軟性の向上と妥当性・健全性の確保を目的として、内容はきわめて多岐にわたります。具体的には、取締役会・監査役会など会社の機関設計が自由に認められ、同時に、内部統制システムの整備やIT時代も反映した情報開示の徹底などが図られました。また、監査役設置会社についても取締役責任の過失責任化により委員会設置会社と規律が統一されたほか、合同会社制度（LLC）といった法人形態の新設や、さまざまな種類の株式発行が柔軟に認められたことなどは、M＆Aの活性化にもつながるといわれています。

　これらは、事前規制型社会から事後監視・救済型社会への転換の流れの中に位置づけることができます。企業経営の選択肢が増え、裁量権が拡大しましたが、一方で、国際競争力強化や企業価値向上のための経営判断への責任が一層問われることになりました。取締役は、みずからの選択について、株主始めステークホルダーに対して、コーポレート・ガバナンスや企業戦略にかかる考え方を明確に説明することが求められます。

　この中で、いわゆる内部統制システムに対する取締役（会）の責任が明確になったことに伴い、これに対する監査役（会）の職務内容も明らかにされました。このように、監査役（会）設置会社における監査役・監査役会、委員会設置会社における監査委員会の果たすべき役割は、ますます重要となってきています。

　本書は、本年5月に発刊された「取締役ガイドブック」が、会社法施行を踏まえ全訂版として内容を刷新したのに伴い、全面的に内容を見直したものです。ただし、永年親しまれた章立てはなるべく維持しつつ、監査役の方々に自身の役割や権利・義務について簡便・平易に概要を把握していただけるよう努めました。また、巻末には、大部にわたる会社法・規則の条文体系を整理し、少しでも会社法における監査役の全体像を俯瞰するための一助となる

ように資料を添付しました。これらも日々忙しくご活躍されておられる監査役の方々のお役に立てれば幸いです。

　なお、本書の内容については、アンダーソン・毛利・友常法律事務所から、有益なアドバイスをいただきました。この場を借りてお礼申し上げます。

　　平成 18 年 7 月

経営法友会
会社法問題研究会

【本書の利用に際して】

　本書は、公開会社である大会社で、監査役会を設置している株式会社を前提としています。主に会社法を中心にしつつも深く解釈に立ち入ることなく、項目ごとに概要が把握できるよう説明しています。また、実務上の問題についてはQ＆Aで補足しました。なお、監査等委員会設置会社、指名委員会等設置会社に関する記述についても、必要に応じQ＆Aとしてまとめています。

凡　例

1　関係法令名の略語は、おおむね有斐閣六法全書の「法令名略語」によった。主要なものは、以下のとおり。

会	会社法
施行令	会社法施行令
会規	会社法施行規則
計規	会社計算規則
電子署名	電子署名及び認証業務に関する法律
民	民法
民訴費	民事訴訟費用等に関する法律
独禁	私的独占の禁止及び公正取引の確保に関する法律
金商	金融商品取引法

2　判例の略記と判例集等の略称は、以下のとおり。

最高裁判所昭和45年6月24日判決最高裁判所民事判例集24巻6号625頁

→最判昭45・6・24民集24巻6号625頁

民集	最高裁判所民事判例集	商事法務	旬刊商事法務
判時	判例時報	判タ	判例タイムズ
金法	金融法務事情	金融・商事判例	金判

会社法研究会メンバー（2021 年 6 月 1 日時点）

『取締役ガイドブック』『監査役ガイドブック』改訂担当者
（会社名五十音順・○印は主査）

　森本　亜希（味の素株式会社）
　寺脇　大介（東 海運株式会社）
　村井　俊雄（イオン株式会社）
　榎本　俊幸（ＡＧＣ株式会社）
　古塚　浩司（オムロン株式会社）
　山根　睦弘（コカ・コーラ ボトラーズジャパン株式会社）
　原　　浩一（コニカミノルタ株式会社）
　鈴木　裕摩（サッポロホールディングス株式会社）
　西岡　英吉（サントリー食品インターナショナル株式会社）
　松原　　彩（サントリーホールディングス株式会社）
　百々　隆介（芝浦機械株式会社）
　堀　由美子（株式会社瑞光）
　富山　雅大（住友重機械工業株式会社）
　前川　大輔（第一実業株式会社）
　西谷　和起（テックファームホールディングス株式会社）
　小川　　徹（トヨタ自動車株式会社）
○長谷川顕史（日鉄エンジニアリング株式会社）
　石川　真生（日本製鉄株式会社）
○日比野光敬（日本電信電話株式会社）
　松本　　脩（日本電信電話株式会社）
　宮崎　郁子（ネットワンシステムズ株式会社）
○原口　　亮（野村證券株式会社）
　藤瀬　大和（野村證券株式会社）
　藤原　大輔（日立グローバルライフソリューションズ株式会社）
　上村　正浩（株式会社日立マネジメントパートナー）
　小松　裕介（フタバ産業株式会社）
　佐鳥　竜太（三菱ＨＣキャピタル株式会社）
　白木絵利加（三菱ＵＦＪ信託銀行株式会社）
　小川　輝彦（三菱ＵＦＪモルガン・スタンレー証券株式会社）
　星野　博信（ヤマハ株式会社）
　高橋　沙季（横河電機株式会社）
　木村　紳一（ライオン株式会社）
　渡邊　幸義（ＬＩＮＥ株式会社）
　深津　　健（株式会社リクルート）

監修者

　増田　健一（アンダーソン・毛利・友常法律事務所）
　渡邉　　剛（アンダーソン・毛利・友常法律事務所）
　近藤　純一（アンダーソン・毛利・友常法律事務所）
　山神　　理（アンダーソン・毛利・友常法律事務所）
　盛里　吉博（アンダーソン・毛利・友常法律事務所）

目　次

第 1 章
監査役とは

POINT

❶　監査役の役割は、取締役の職務執行全般の監査である。監査役の設置は会社の機関設計に応じて強制・禁止または任意とされ、監査役会の設置が強制されることもある。監査役の権限は、数次の法改正を経て変遷してきたが、現在では原則として会計監査と業務監査の双方とされている。なお、監査役設置会社とは別に、監査等委員会設置会社や指名委員会等設置会社の制度もある。

❷　監査役は株主総会で選任されるが、欠格事由に該当する者は監査役になることはできない。監査役と会社との関係は民法の委任関係であり、監査役は会社に対し善管注意義務を負う。また、監査役が取締役等の地位を兼ねることは、禁止または制約されている。

❸　監査役の報酬等は、監査役の独立性や中立性の確保の観点から、定款または株主総会の決議により定める必要がある。

❹　監査役は取締役が株主総会に提出する議案の調査等を行う。

❺　監査役会設置会社では、3 人以上の監査役で監査役会を構成し、その半数以上は、会社法が定める要件を満たす「社外監査役」でなければならない。

❻　監査役設置会社の監査役は、取締役の職務執行の一環としてなされる内部統制システムの構築について、善管注意義務の観点から監査を行う。

第 1 節　監査役とその役割

1　監査役

　監査役は、株主総会で選任され、取締役の不正行為、法令・定款違反行為を是正・防止するため、取締役の職務執行の全般を監査する会社の独任制の機関です。

　監査役の設置は、会社の機関設計に応じて強制・禁止または任意とされます。

　会計監査人設置会社においては、基本的に監査役の設置が強制されます（会 327 条

1

3項）。この点、大会社（資本金が5億円以上または負債総額が200億円以上の会社）においては、監査役会および会計監査人の設置が強制されることになります（会328条）。また、取締役会設置会社（公開会社でない会計参与設置会社は除きます）においても、基本的に監査役の設置が強制されます（会327条2項）。この点、公開会社においては、取締役会の設置が強制されるため（同条1項1号）、監査役の設置が強制されることになります。

　なお、会計監査人設置会社、または取締役会設置会社であっても、監査等委員会設置会社または指名委員会等設置会社においては監査役の設置は禁止されます（会327条4項）。監査等委員会設置会社および指名委員会等設置会社においては、取締役の職務執行等の監査は監査役ではなく、取締役である監査等委員または監査委員で組織される監査等委員会または監査委員会が担うからです（監査等委員会については「**第6章　監査等委員会設置会社**」（p.97）参照）。

　このほかの機関設計の会社では、監査役の設置は任意です（以上につき、巻末【**資料5**】「**株式会社の種類と機関設計**」（p.110）参照）。

　監査役の職務と権限は、原則、会計監査のみならず、取締役の職務執行に関する監査（会社の業務一般を含めた、いわゆる業務監査）に及びます（会381条）。ただし、監査役会および会計監査人のいずれも設置しない公開会社でない会社においては、定款で定めることにより監査役の監査の範囲を会計に関するものに限定することができます（会389条1項）。

2　監査役会

　監査等委員会設置会社および指名委員会等設置会社以外の大会社で公開会社である会社は、「監査役会」の設置が義務づけられています（会328条1項）。

　監査役会は、各監査役の役割分担を定め、それぞれが調査した結果を持ち寄って知識、情報を共有するとともに、監査役相互の意見の内容や根拠を検討しあう場でもあり、また、組織的な監査を通じて、より客観性の高い監査を実現するための機能を果たすことが期待されています。ただし、監査役会制度のもとでも、監査役は独任制の機関とされ、監査役はそれぞれ独立して会社業務の全部について調査し、違法性の有無を判断する義務を負っています（詳細は、**本章「第5節　監査役会設置会社における機関」**（p.15）参照）。

3　監査役制度の変遷

(1)　商法制定当時

　監査役制度、とりわけ監査役の地位は、商法制定以来、幾多の改正により変遷して

きました。商法制定当時の監査役の権限は、商法が当時のドイツ帝国法を継受して制定されたことから、計算の正否（会計監査）のみならず、取締役の業務執行に関する監査（業務監査）にまで及んでいました。

(2)　昭和25年改正による権限の限定

ところが、英米法の影響を受けた昭和25年改正によって、監査役の権限は大幅に縮小され、会計のみを監査する機関となりました。その結果、監査役が会社の業務および財産の状況を調査することができるのは、会計に関する監査を行うため、とくに必要な場合に限られ、また、取締役が株主総会に提出する書類について調査・報告するのも、会計に関する書類に限定されました。

(3)　昭和49年改正以降による権限の強化

監査役制度についてはさらに数次に及ぶ改正が行われ、その強化がなされてきました。昭和49年改正では、株式会社の監査等に関する商法の特例に関する法律（商法特例法）が制定され、規模によって大会社（資本金5億円以上または負債総額200億円以上）、中会社（資本金1億円超5億円未満かつ負債総額200億円未満）、小会社（資本金1億円以下かつ負債総額200億円未満）の区別がなされました。大会社・中会社については、昭和25年改正により廃止された業務監査を復活し、昭和25年改正以前と同様、監査役に会計監査のほかに業務監査を認めました。また、大会社の会計監査については、監査役の監査に加え、会計監査人による監査（公認会計士または監査法人による監査）が義務づけられました。さらに、監査役の任期は1年から2年に伸長されました。

昭和56年改正では、監査役の権限と責任の拡大が図られ、かつ、その地位の独立性が強化されました。とくに大会社については、その複雑多岐にわたる業務に対する十分な監査を行うために、2人以上の「複数監査役制」および「常勤監査役制」を新設し、かつ会計監査人との連携の拡充を行いました。

平成5年改正では、昭和56年改正の趣旨をさらに徹底し、監査役の権限を強化するために、監査役の任期を2年から3年に伸長し、また、大会社については、員数を3人以上とするとともに、うち1人以上を「社外監査役」とすべきことを定め、さらに組織的な監査のため「監査役会」を設置することが強制されました。

平成13年改正では、監査役権限の一層の強化が図られ、監査役の任期を3年から4年に伸長し、辞任した監査役は、辞任後最初に招集される株主総会に出席して、その旨および理由を述べることができる意見陳述権を認めるとともに、監査役の取締役会出席権を出席義務・意見陳述義務に強化しました（小会社を除きます）。また、大会社については、監査役の半数以上を社外監査役とするとともに、監査役選任議案に対する監査役会の同意権、監査役会の監査役選任議案の提案権を認めました。なお、

社外監査役の定義も、「その就任前 5 年間会社またはその子会社の取締役または支配人その他の使用人でなかった者」から「その就任前に会社またはその子会社の取締役または支配人その他の使用人となったことがない者」となり、要件が厳格化されました。

　平成 17 年改正では、会社を規律する法律が商法から会社法として再編成されるとともに、すべての会社において、監査役は、原則、会計監査権限と業務監査権限を有することになりました。また、監査役の任期は、原則として 4 年としたうえで、公開会社ではない会社においては、定款によって 10 年まで伸長することができるようになりました。

　そして、平成 26 年改正では、社外監査役の独立性を一層強化するため、社外監査役の要件に親会社の関係者ではないことなどが追加されました（巻末【資料 4】「社外監査役」（p.108）参照）。また、会計監査人により監査される取締役（会）が会計監査人の選解任等に関する議案を決定する仕組みは会計監査人の独立性の観点から問題があるとの指摘があったことから、選解任等に関する議案を決定する機関は取締役（会）から監査役（会）に変更されました。

⑷　委員会等設置会社の制度の導入

　会社法制定以前の平成 14 年改正において、コーポレートガバナンスの新たな仕組みとして「委員会等設置会社」の制度が導入されました。「委員会等設置会社」は会社法制定の際に「委員会設置会社」となり、平成 26 年改正を経て「指名委員会等設置会社」となりました。指名委員会等設置会社においては、監査役会に代わり、社外取締役を過半数とする取締役 3 人以上で構成する監査委員会が業務執行の監査を行います。

　また、平成 26 年改正では「指名委員会等設置会社」とは別に、新たに「監査等委員会設置会社」の制度が導入されました。「監査等委員会設置会社」においても、前述の「監査委員会」同様、社外取締役を過半数とする取締役 3 人以上で構成する「監査等委員会」が業務執行の監査を行います（概要は「**第 6 章　監査等委員会設置会社**」（p.97）参照）。

第 2 節　監査役の資格・選任・終任

1　資　格

　監査役には次のような欠格事由が定められています（会 335 条 1 項、331 条 1 項）。欠格事由に該当する者が、監査役に選任された場合には、その選任行為は無効とな

り、任期途中に欠格事由に該当した場合には、退任しなければなりません。

① 法人

② 会社法もしくは一般社団法人及び一般財団法人に関する法律の規定に違反し、または金融商品取引法、民事再生法、会社更生法、破産法もしくは外国倒産処理手続の承認援助に関する法律に定める一定の罪を犯し、刑に処せられ、その刑の執行を終わり、またはその執行を受けることがなくなった日から 2 年を経過しない者（執行猶予中の者も欠格者となります）

③ ②に規定する法律の規定以外の法令の規定に違反し、禁固以上の刑に処せられ、その執行を終わっていない者、またはその執行を受けることがなくなっていない者（ただし、執行猶予中の者は欠格者ではありません）

なお、成年被後見人が監査役に就任するには、その成年被後見人の同意を得たうえで、成年後見人が成年被後見人に代わって就任承諾をする必要があります（会335条1項、331条の2第1項。保佐人が代理権付与の審判に基づいて被保佐人の監査役への就任承諾をする場合も同じ（同条3項））。また、被保佐人が監査役に就任するには保佐人の同意が必要です（同条2項）。なお、これら成年被後見人または被保佐人がした監査役の資格に基づく行為は、行為能力の制限を理由として取り消すことはできません（同条4項）。

2　選　任

(1)　委任契約

監査役の選任は、取締役が監査役の選任に関する議案を株主総会に提案し、株主総会で決議されることによって行われます（会329条1項）。監査役を選任する株主総会の決議があると、それによって被選任者を監査役とする会社の意思決定がなされたことになりますが、この者が監査役に就任するのは、この会社の意思を受けて代表取締役に対し就任の承諾をした時となります（会330条、民643条）。これにより、会社と被選任者との間で委任契約が成立し、被選任者は監査役として会社に対して善良な管理者の注意をもってその職務を行う義務（善管注意義務）を負うことになります。

この委任契約は、株主総会での選任決議を条件としてあらかじめ行っておくことも可能であり、実務的には、あらかじめ就任承諾をとっているのが一般的です。なお、株主総会で書面または電磁的方法による投票を採用している会社については、株主総会参考書類送付の時点で就任の承諾を得ていない場合、その旨を株主総会参考書類に記載することが必要です（会規76条1項3号）。

使用人と監査役の地位は厳密に区分され、たとえば、従業員から監査役に選任された場合、会社との雇用関係は断たれます。監査役に選任された以上、会社に対して直

接責任を負うとともに、株主や第三者に対しても責任を問われうることになります。

(2)　選任方法

　株主総会での監査役の選任方法は、定款に別段の定めがない限り、議決権を行使することができる株主の議決権の過半数を有する株主が出席し、出席した当該株主の議決権の過半数で決議されることになります（普通決議。会309条1項）。株主総会の普通決議については、多くの会社で、定足数を定款で排除し、出席株主の有する議決権の過半数で決議しうる旨を定めています。しかし、監査役の選任決議の場合には、定款で定めることができる定足数は、取締役の選任決議の場合と同様、議決権を行使することができる株主の議決権の3分の1以上の割合である必要があります（会341条）。

　監査役の選任に関する議案を株主総会に提出する場合は、監査役（監査役が2人以上の場合はその過半数。監査役会設置会社では監査役会）の同意を得なければなりません（会343条1項）。また、監査役（会）は、取締役に対し、監査役の選任を株主総会の目的とすること、または監査役の選任に関する議案を株主総会に提出することを請求することができます（同条2項）。なお、監査役の選任にあたっては、取締役の選任とは異なり、累積投票制度（会342条）は認められません。

　なお、監査役設置会社の場合は、その旨および監査役の氏名、監査役会設置会社の場合は、その旨および社外監査役であるものについて社外監査役である旨が登記事項となります（会911条3項17号・18号）。

(3)　員数および任期

　監査役の員数は、一般に定款に定められますが、監査役会設置会社では、3人以上の監査役が必要とされ、そのうち半数以上は社外監査役でなければなりません（会335条3項）。

　監査役の任期は、選任後4年以内に終了する事業年度のうち、最終のものに関する定時株主総会の終結の時までとなります（会336条1項）。

　なお、任期の満了前に退任した監査役の補欠として選任された監査役の任期は、定款によりその退任した監査役の任期の満了する時までとすることもできます（会336条3項）。ただし、補欠ではなく新任として選任された監査役の任期については、取締役の場合と違って、短縮することはできません（会332条1項、336条1項）。

Q1　監査役の任期

公開会社でない会社の監査役の任期に違いはありますか。

あります。公開会社でない会社の監査役の任期は、取締役の任期と同様に、定款により、選任後 10 年以内に終了する事業年度のうち最終のものに関する定時株主総会の終結の時まで伸長することができます（会 336 条 2 項）。

⑷　権利義務監査役と仮監査役

　監査役が欠けた場合または会社法もしくは定款に定めた員数を欠くことになった場合には、任期満了または辞任により退任した監査役は、新たに選任される監査役が就任するまで監査役としての権利義務を有します（会 346 条 1 項。権利義務監査役といわれます）。

　また、法令または定款に定めた監査役の員数を欠くことになった場合（監査役会設置会社が社外監査役を欠いた場合を含みます。社外監査役を欠いた場合の監査報告書の効力については Q8（p.22）参照）、会社は株主総会を開催し、新たに監査役を選任しなければなりません。しかし、そのために株主総会を招集することが事実上困難であるなどの理由で、遅滞なく監査役の選任ができない場合は、利害関係人は、会社の本店所在地を管轄する地方裁判所に、一時的に監査役の職務を行うべき者（仮監査役といわれます）の選任を請求することができます（会 346 条 2 項）。この場合、仮監査役の登記については、裁判所書記官が職権で行います（会 937 条 1 項 2 号）。

　実務上は、定時株主総会までの期間が 6 カ月以上ある場合には、会社は臨時株主総会を開催して後任監査役を選任することが一般的なようです。

⑸　補欠監査役

　株主総会で監査役の選任決議をする場合には、監査役が欠けた場合または会社法もしくは定款で定めた監査役の員数を欠くこととなるときに備えて、あらかじめ補欠の監査役を選任することができます（会 329 条 3 項、会規 96 条）。

Q2　役員の補欠者の選任

　補欠役員の任期はどのように定められていますか。また、選任決議を取り消すことができますか。

　役員（取締役、監査役、会計参与）が欠けた場合などに備えて、株主総会において役

員の補欠者をあらかじめ選出しておけば、あらためて選任の株主総会決議を経ることなく補充が認められます（会329条3項）。

　補欠役員の選任決議は、定款に別段の定め（複数年と定めることができます）がある場合を除き、当該選任決議後最初に開催する定時株主総会の開始の時まで効力を有するものとされます。ただし、株主総会の決議によってその期間を短縮することもできます（会規96条3項）。

　また、補欠役員の就任前にその選任決議の取消しを行う場合があるときは、これに備えてその旨および取消しを行うための手続を、あらかじめ選任時に決定しておくことが可能です（会規96条2項6号）。この取消しの手続は取締役会決議とすることや、代表取締役の権限とすることも可能であると解されます。

3　兼　任

⑴　自社または子会社の取締役との兼任

　監査役は、自社または子会社の取締役や、子会社の会計参与や執行役を兼任することはできません（会335条2項）。これは、取締役の職務の執行を監査すべき職責を負う監査役の監査機関としての独立性を確保するためです。

⑵　自社または子会社の使用人との兼任

　監査役は、自社または子会社の支配人その他の使用人を兼任することもできません（会335条2項、巻末**【資料11】「監査役をめぐる裁判例」**（p.122）**裁判例1、裁判例2**参照）。労働者災害補償保険の給付など、従業員としての身分に基づく保護を受けることもできません。

⑶　他社の役員との兼任

　一定の取引分野における競争を実質的に制限することとなる場合は、独占禁止法の規制により、国内の他の会社の取締役、監査役等の役員はもちろん、従業員を兼任することもできません（独禁13条1項）。

4　終　任

⑴　一般の終任事由

　監査役と会社との関係は委任に関する規定に従います（会330条）ので、監査役は、任期の満了によって退任するほか、一般の委任の終任事由があれば退任することになります。すなわち、監査役の辞任（委任の解除。民651条）のほか、死亡、破産手続開始の決定、後見開始の審判がこれにあたります（民653条）。2020年施行の改正民法において「成年被後見人もしくは被保佐人（または外国の法令上これらと同様に

取り扱われている者）」が欠格事由から削除されましたが、就任後に成年被後見人となった監査役は委任契約の一般的な終了事由に該当するものとして退任となります（民653条3号）。

なお、辞任した監査役は、その後最初に招集される株主総会に出席し、その旨および理由を述べることができます（会345条2項・4項）。取締役は、その者に対して、その株主総会が招集される旨および株主総会の日時・場所を通知しなければなりません（同条3項・4項）。監査役がその意に反して辞任させられることもあることから、その地位の強化を図るため定められた規定です。公開会社においては、監査役の辞任についての他の監査役の意見、辞任監査役の辞任の理由があれば、事業報告にその意見の内容、理由を記載することになります（会規121条7号ロ・ハ）。

(2)　解　任

会社は、株主総会の決議をもって、いつでも監査役を解任することができます（会339条1項）。ただし、任期の途中で、正当な理由がなく解任された場合には、解任された監査役は、解任によって生じた損害の賠償を会社に請求することができます（同条2項）。

解任決議は、監査役の地位を一方的に奪うことであり、その決議はとくに慎重を要することから、定款に別段の定めがない限り、議決権を行使することができる株主の議決権の過半数を有する株主が出席し、出席した当該株主の議決権の3分の2以上をもって決議することが必要です（特別決議。会309条2項7号）。解任は相手方のある単独行為ですから、株主総会の解任決議を受けて、代表取締役がその監査役に告知することによって効力が発生します。

監査役解任議案について、株主総会において意見を述べる監査役がいる場合、株主総会参考書類にその意見の概要を記載することが必要です（会345条1項・4項、会規80条3号）。

監査役の職務の執行に関し不正行為または法令・定款に違反する重大な事実があったにもかかわらず、株主総会において解任議案が否決された場合には、6カ月前から引き続き総株主の議決権または発行済株式の100分の3以上の株式を有する株主（定款で要件緩和が可能です。公開会社でない場合は6カ月の継続保有要件は不要です）は、当該株主総会の日から30日以内にその監査役の解任を裁判所に対し請求することができます（会854条）。

監査役の解任の訴えは裁判を通じて争われますが、当事者の申立てにより判決前に仮処分という形をとって監査役の職務の執行を停止し、または代行者を選任することができます。

監査等委員会設置会社

 監査等委員の資格・選任・終任

監査等委員会設置会社における監査等委員と監査役との違いは何ですか。

監査等委員は取締役として株主総会で選任されますが、監査等委員ではない取締役と区別して選任されます（会329条）。また、監査等委員ではない取締役の任期は選任後1年以内に終了する事業年度のうち最終のものに関する定時株主総会の終結の時まで（会332条3項）とされるのに対し、監査等委員である取締役の任期は選任後2年以内に終了する事業年度のうち最終のものに関する定時株主総会の終結の時まで（同条1項）とされ、解任は株主総会の特別決議を要する（会309条2項7号）など、選任や終任について監査等委員ではない取締役とは異なる独立性を担保されていることが特徴です。

監査等委員は取締役であるため、取締役会における議決権が認められ、監査等委員会による監査は、取締役の職務執行に対する適法性監査のみならず、妥当性監査にまで及びます。また、監査等委員以外の取締役に対する選任等、報酬等について意見を述べることができ、業務執行者に対して特別な監督権限も認められています（会342条の2第4項、361条6項、399条の2第3項3号）。

これに対して、監査役には、取締役会における議決権は認められず、監査役の監査は取締役の職務執行に対する適法性監査に限定されます。また、株主総会での意見陳述権や特別な監督権限は認められていません。

指名委員会等設置会社

 監査委員の資格・選任・終任

指名委員会等設置会社における監査委員と監査役との違いは何ですか。

監査委員は、取締役の中から、取締役会の決議によって選定されるため（会400条2項）、原則として資格、選任および終任については、取締役に関する規定が適用されます。

監査委員の任期は選任後1年以内に終了する事業年度のうち最終のものに関する定時株主総会の終結の時までとなるほか（会332条3項）、普通決議によって解任できることなどが、監査役と異なる点です。

監査委員は取締役であるため、取締役会における議決権が認められ、監査委員会による監査は、取締役の職務執行に対する適法性監査のみならず、妥当性監査にまで及びます。これに対して、監査役には、取締役会における議決権は認められず、監査役の監査は取締役の職務執行に対する適法性監査に限定されます。

第3節　監査役の報酬等

1　報酬等

　監査役の報酬等（報酬、賞与その他の職務執行の対価として会社から受ける財産上の利益。会361条1項）は、定款にその額を定めていないときは、株主総会の決議（普通決議）によって定めることとされています（会387条1項）。これは、監査役の独立性を確保するためです。この報酬額は、株主総会で監査役全員の限度枠の形で決定されますので、複数の監査役がいる場合には、個々の監査役の報酬額は、監査役の協議（全員の合意が必要）により決定されます（同条2項）。この協議は、会議を開いて行われるのが一般的ですが、持回りでも差し支えありません（なお、これは監査役会の決議ではありません）。また、取締役会・代表取締役への一任はできません。なお、監査役は、株主総会において、監査役報酬議案について意見を述べることができます（同条3項）。

2　ストック・オプション（新株予約権）、業績連動報酬制度

　ストック・オプションを付与することは、「その他の職務執行の対価として会社から受ける財産上の利益」に該当しますので、定款にその額を定めていないときは、株主総会の決議によって定められることになります（会361条1項、387条1項）。

　また、会社の業績に応じて報酬の上限額が変動する等の、いわゆる業績連動報酬制度を導入する会社が増加していますが、この制度は監査役の職務内容の独立性や中立性確保の観点から不合理との指摘もあり、業績連動報酬制度を導入する一方、監査役については業績に連動しない固定報酬制度を適用する会社もあります。

3　監査役の報酬等の事業報告による開示

　公開会社においては、監査役（期中に退任した監査役を含む）に支払われた報酬等の総額および員数（監査役の全部または一部につき当該監査役ごとの報酬等の額を掲げることとする場合においては、当該監査役ごとの報酬等の額ならびにその他の監査役の報酬等の総額および員数）について、事業年度の末日において、事業報告に記載しなければなりません（会規119条2号、121条4号）。この規定は、報酬等の個別開示を強制するものではなく、あくまでも各企業の判断で個別開示をするか否かを決定できることを前提にしています。

　令和元年改正において、取締役への適切なインセンティブの付与を趣旨として、取

締役の報酬等に関する規律の見直しがなされました。これに伴い、事業報告による開示の充実が図られ、監査役の報酬等の総額（または額）についても業績連動報酬等の総額（または額）、非金銭報酬等の総額（または額）、それら以外の報酬等の総額（または額）に分けて記載する（会規121条4号）こととなりました。また、そのほかに業績連動報酬等や非金銭報酬等の内容（同条5号の2・5号の3）、報酬等についての定款または株主総会の決議の内容等（同条5号の4）、ならびに各監査役の報酬等の額またはその算定方法に係る決定方針を定めているときは当該決定方針の決定方法および方針内容の記載が求められます（なお、取締役の報酬等の場合とは異なり、上記決定方針を定めることは必須ではありません）。

　そのほか、社外監査役の報酬等についても別途開示する必要があります（会規124条1項7号）。

第4節　監査役と他の会社機関

1　監査役と株主総会

(1)　株主総会

　株主総会は、株主が定時または臨時に集まる会社の意思決定機関です。定款変更、合併、事業譲渡、資本金の額の減少、剰余金の配当など、会社の基本的事項（法令・定款に定める事項）を決定し、取締役、監査役、会計参与および会計監査人の選任・解任権を有しています。このような意味で、株主総会は「会社の最高機関」であるといわれています。ただし、取締役会設置会社においては、会社法に規定する事項および定款に定めた事項に限り、決議することができ（会295条1項）、万能の機関ではありません。

(2)　株主総会との関係

　監査役は、取締役が株主総会に提出しようとする議案、書類等を調査し、法令・定款違反または著しく不当な事項があると認めるときは、その調査結果を株主総会に報告しなければなりません（会384条）。他方、監査役は株主総会に出席して、株主から特定の事項について説明を求められた場合は、当該事項について必要な説明をしなければなりません（会314条。詳細は「**第4章　監査役と株主総会**」(p.62) 参照）。

2　監査役と取締役・取締役会

(1)　取締役・取締役会

　取締役会は、3人以上の取締役全員をもって構成される機関であり、次に掲げる職

務を行います（会 331 条 5 項、362 条 1 項・2 項）。

① 　会社の業務執行の決定

② 　取締役の職務の執行の監督

③ 　代表取締役の選定および解職

　取締役は、取締役会の構成員として位置づけられ、代表取締役は、取締役会設置会社においては必要常設の機関です。ただし、取締役会を設置せず、かつ別途代表取締役の選定も行わない会社においては、取締役が代表取締役と同様の権利義務を有する機関の位置づけになります（会 362 条 3 項、348 条 1 項、349 条 1 項）。

　なお、取締役会の決議の特則として、重要財産の処分および譲受けならびに多額の借財に関する事項については、特定の取締役のみで決議できる制度として特別取締役の制度があります（会 373 条）。特別取締役を選定する場合は、まず取締役が 6 人以上で、かつそのうちの 1 人以上が社外取締役である取締役会を置いていることが必要です。特別取締役は、その 6 人以上の取締役の中から 3 人以上（この 3 人以上の中に社外取締役を含むことは必ずしも要しません）を選定します。

(2)　取締役・取締役会との関係

　監査役は、原則として取締役の職務執行の全般を監査する権限を有します。このために、監査役は、いつでも取締役および会計参与ならびに支配人その他の使用人に対して事業の報告を求め、会社の業務および財産の状況を調査することができます（会 381 条 2 項）。そして、取締役の不正行為、もしくはそのおそれがある場合、法令・定款違反行為がある場合、または著しく不当な事実があると認める場合には、遅滞なく取締役（会）にその旨を報告しなければなりません（会 382 条）。

　また、監査役は取締役会に出席する義務があり、必要がある場合には意見を述べなければなりません（会 383 条 1 項）。なお、特別取締役による取締役会の場合には、監査役の互選によって、監査役の中からとくに出席する監査役（特別監査役といわれます）を定めることができます（会 383 条 1 項ただし書）。特別監査役の選定は任意ですが、選定しない場合、特別取締役による取締役会にはすべての監査役が出席しなければなりません。また、取締役の違法行為等を阻止するために必要な場合は、取締役会の招集を請求することができ、その請求が受け入れられないときは、自ら招集することができます（同条 2 項・3 項）。

　さらに、取締役が会社の目的の範囲外の行為その他法令・定款違反行為をし、またはそのおそれがある場合において、その行為によって会社に著しい損害が生ずるおそれがあるときは、その取締役に対し、その行為の差止めを請求することができます（会 385 条 1 項）。

　なお、監査役と取締役・取締役会の関係の詳細は「**第 3 章　監査役（会）と取締**

役・取締役会」（p.49）を参照してください。

Q3　経営会議・経営委員会

経営会議・経営委員会などに監査役は出席する義務はありますか。

経営会議・経営委員会などは任意機関である以上、監査役は、法律上当然には当該会議に出席する権利・義務はありません。しかし、効率的な情報収集、実効性ある監査等の観点から、監査役が出席することが望ましいとされています。

多くの会社では、経営会議、経営委員会などの名称で、取締役会とは別の任意機関を設けているのが実情です。これは、会社が大型化し、その目的・活動が多様化・多角化するのに伴って、社長が自己の権限を行使するに際して、あらかじめ各業務執行部門の担当取締役の意見や進言を十分に聴き、協議する必要があるためといわれています。

現状では、その性格が各社により異なり、取締役会に代わる実質審議・決定機関である場合のほか、社長の諮問、補佐、協議機関である場合、またはこれらの混合形態として存在する場合もあり、一律ではありません。

なお、法定の監査機関とは別に、監査部、検査部といった内部監査部門を有する会社も増えてきています。これは、監査役の監査とは性格を異にするものですが、監査役が内部監査部門の監査結果を活用するなど、相互に効率よく連携を図っている例もみられます。

Q4　執行役員制度

執行役員とはどのようなものですか。

(1)　執行役員制度の目的とその内容

経営の意思決定の迅速化、意思決定機能と執行機能の分離および執行責任の明確化、戦略経営の強化などを目的として、任意の制度として「執行役員制度」を導入する会社が増加しています。執行役員制度の内容は多様ですが、おおむね次のような場合が一般的です。

①　従来、多人数の取締役から構成されていた取締役会を減員し、適正規模とする。

②　従来の取締役から外れた人を執行役員に就任させる。

③　執行役員は、事業部門やスタッフ部門の長などの執行機能を担わせる。

(2)　執行役員の身分

執行役員は、経営における業務執行を担う点においては取締役と同様ですが、任意の制度であるため、その身分は各社において異なります。会社との法律関係は、雇用型、委任型およびその混合型があるとされています。

執行役員は、会社法上の取締役ではありませんので、株主代表訴訟の対象とはなりません。なお、指名委員会等設置会社の機関である執行役とは異なります。執行役は取締役会決議により選任され、業務執行および業務執行の決定を行います。

(3)　執行役員制度と監査役の職務

執行役員制度を導入する場合、代表取締役の指揮命令のもと、業務執行が執行役員に委任されます。取締役は、戦略や経営方針および経営上の重要事項の意思決定を行い、執行役員の監督を行うことになります。監査役は、執行役員の業務執行を監査し、取締役による執行役員の監督に欠けるところがないかどうかについても監査することになります。

第 5 節　監査役会設置会社における機関

1　監査役会とその運営

監査役会の権限・運営等に関しては、会社法第 2 編第 4 章第 8 節（会 390 条～395 条）に定められており、詳細は次のとおりです。会社は、通常、監査役会の運営等に関する「監査役会規則」を制定し、円滑な運営を図っています。

⑴　監査役会の設置

指名委員会等設置会社および監査等委員会設置会社以外の大会社で公開会社である会社では、監査役全員で組織する「監査役会」の設置が義務づけられています（会 328 条、390 条 1 項）。監査役会は、次に掲げる職務を行います（同条 2 項）。

①　監査報告の作成

②　常勤の監査役の選定および解職

③　監査の方針、監査役会設置会社の業務および財産の状況の調査の方法その他の監査役の職務の執行に関する事項の決定

各監査役は、独立して監査する権限を有していますから、監査役会は、上記③の決定によって各監査役の権限行使を妨げることはできません（**第 2 章「第 2 節　監査役の職務と権限」**（p.30）参照）。

このほか、監査役選任議案に対する同意権、提案権の行使（会 343 条）、会計監査人の選任・解任議案の決定（会 340 条、344 条）、会計監査人の報酬の決定にあたっての同意（会 399 条）などがあります。

⑵　構成員

監査役会は、監査役全員をもって構成されます（会 390 条 1 項）。監査役は個人の

能力を信頼して選任されていますので、監査役会への代理出席は認められません。

(3)　招集権者

監査役会の招集権者は、各監査役です（会391条）。取締役会と異なり、監査役会を招集できる監査役をあらかじめ定めて、他の監査役の招集権を制限することはできません（会366条1項参照）。ただし、監査役会の円滑な開催を図るために、監査役会規則等で通常の招集者である監査役を定めるとともに、他の監査役も必要に応じて監査役会を招集することができる旨を定めることは可能です。

(4)　招集手続

監査役会を招集する監査役は、他の監査役全員に対して、原則として会日から1週間以上前に、招集通知を発しなければなりません。しかし、この期間は定款によって短縮することもできますし、また、全員の同意があれば招集手続そのものを省略することもできます（会392条）。

招集通知には、監査役会の開催日時・場所および議題を記載するのが通例です。しかし、議題の記載はなくても差し支えありません。また、招集通知は文書のほか、電子メール、口頭または電話によって行うことも可能です。

(5)　議　長

定款または監査役会規則で、あらかじめ議長を定めておくことができます。このような定めがないときは、当該監査役会で議長を決めることになります。この場合、議長は常勤監査役である必要はありません。

(6)　決議方法

監査役会には定足数の定めはなく、その決議方法は監査役の過半数をもって行うことになります（会393条1項）。また、監査役会議事録において異議をとどめない出席監査役は決議に賛成したものと推定されます（同条4項）。ただし、取締役の責任の一部免除に関する同意（会425条3項）や株主代表訴訟（責任追及等の訴え）における会社の補助参加（会849条3項）などについては、監査役全員の同意が必要となります。

(7)　報告の省略

取締役、会計参与、監査役または会計監査人が監査役の全員に対して監査役会に報告すべき事項を通知したときは、当該事項を監査役会へ報告することを省略することができます（会395条）。また、取締役会と異なり、監査役会には決議の省略を認める規定はありません（会370条参照）。

(8)　議事録の作成・署名および備置・閲覧

ア　議事録の内容

監査役会の議事については、議事録を作成し（会393条2項）、書面または電磁的

記録をもって、次に掲げる事項を記載することが義務づけられています（会規109条）。

① 開催の日時、場所（当該場所に存しない監査役、取締役、会計参与または会計監査人が監査役会に出席した場合における当該出席の方法を含みます）

② 監査役会の議事の経過の要領およびその結果

③ 監査役会において会社法に定められた義務により取締役、会計参与、会計監査人が意見を述べ、または発言したときにはその内容の概要（会357条2項、375条2項、397条3項）

④ 監査役会に出席した取締役、会計参与または会計監査人の氏名または名称

⑤ 監査役会の議長がいるときは議長の氏名

イ　署名

監査役会に出席した監査役は、その議事録に署名または記名押印しなければなりません（会393条2項）。使用する印鑑は、認印で差し支えありません。議事録への署名は、決議に参加した監査役においては、異議をとどめない場合には決議に賛成したものと推定され（同条4項）、また、議事録の内容の正確性を担保する意味があるとされています。

なお、議事録が書面ではなく電磁的記録をもって作成された場合には、監査役は、署名（記名押印）の代わりとして電子署名を行うことになります（会393条3項、会規225条1項7号）。

また、署名（記名押印）等の際には、議事録の内容を確認することが必要なことはいうまでもありませんし、監査役が意見を述べたにもかかわらず、議事録にそれが正確に記載されていない場合には、議事録の記載が自己の責任の有無の判断に影響することもありますので、議事録の訂正を求める必要があります。

ウ　備置・閲覧

監査役会議事録は、10年間本店に備置しなければなりません（会394条1項）。この場合の備置義務者は会社です。株主がその権利を行使するため、会社の債権者が役員の責任を追及するため、または親会社社員がその権利を行使するため、裁判所の許可を得て監査役会議事録の閲覧・謄写を求めたときは、これに応じなければなりません（同条2項・3項）。

エ　議事録に異議をとどめない監査役の責任

監査役会の決議に参加した監査役で、議事録に異議をとどめなかった者は、その決議に賛成したものと推定されます（会393条4項）。その結果、善管注意義務違反等を問われる可能性があります。ただし、反証をあげることにより、賛成の推定をくつがえすことは可能です。また、監査役が監査報告に記載すべき重要な事項につき虚偽

の記載をし、当該監査報告が監査役会で決議されたときも同様です（会429条2項3号）。

　欠席した監査役は、監査役会でなされた決議については責任を負わないとされています。ただし、監査役会に欠席すること自体に正当な事由がない場合、善管注意義務違反として問題にされる可能性は残ります。

Q5　全員がリモートで監査役会に出席した場合の「監査役会が開催された場所」の記載（監査役会議事録関連）

　監査役会をリモートで開催し、出席監査役等の全員が自宅等（本社以外の場所）から出席した場合、「監査役会が開催された場所」として監査役会議事録に記載すべき場所はどのようになりますか。

　議長の所在する場所を監査役会の開催場所として、他の出席監査役等が所在する場所を通信回線でつないで、全員がリモートで監査役会に出席する場合、議長の所在する場所を「監査役会が開催された場所」として監査役会議事録に記載することが考えられます。したがって、議長の所在する場所が議長の自宅であるときには、そこが「監査役会が開催された場所」になります。なお、公示されている場所（会社の本店等）以外で監査役会が開催された場合、監査役会議事録にはその場所の住所（地番等まで）を記載することが望ましいと考えられます。

⑼　監査役会の監査役選任・会計監査人の選任等に関する権限

　ア　監査役会の監査役選任議案に対する同意

　監査役の独立性強化のため、取締役が監査役の選任に関する議案を株主総会に提出するには、監査役会の同意が必要となります（会343条1項・3項）。

　イ　監査役会の監査役選任議題・議案の請求権

　監査役会は、取締役会に対し、①監査役選任を株主総会の会議の目的とすること、および、②監査役会提案の監査役候補者を株主総会に議案として提出することを請求できます（会343条2項・3項）。さらに、監査役は、株主総会において、監査役の選任について意見を述べることができます（会345条1項・4項）。

　ウ　監査役会の会計監査人選解任等の議案の内容の決定

　後述の4「⑵　会計監査人の任免」を参照してください。

2　複数監査役制度および常勤監査役制度

　監査役会設置会社については、複数監査役制度（3人以上）および常勤監査役制度がとられています（会335条3項、390条3項）。これは、監査役会設置会社の業務は

複雑多岐にわたるため、監査の業務量も多く、また非常勤監査役だけしかいないということでは十分な監査が期待できないと考えられるからです。それぞれの監査役は各自独立して監査をする必要があります。

　常勤監査役は、監査役会の決議により監査役の中から選定されます（会390条3項）。

　「常勤」とは、営業時間中は常に監査を行うことができる態勢にあることを要するという見解が有力です。この見解による場合でも、常勤の監査役とされた者が他の仕事を持っていても、直ちにその選任が無効になることはありませんが、そのことのゆえに会社、株主または債権者に損害を与えるようなことがあれば、監査役の義務違反として損害賠償を請求されるおそれがあります。

　なお、「常任監査役」という名称の監査役を置いている会社もありますが、これは法令上の名称ではなく、必ずしも常勤監査役を意味するものではありません。

3　社外監査役

　監査役会設置会社では、監査役は3人以上で、そのうち半数以上は、社外監査役であることが義務づけられます（会335条3項）。社外監査役とは、会社もしくはその子会社、親会社または兄弟会社の関係者ではなく、また、会社の取締役等の近親者ではない監査役をいいます（会2条16号。詳細は巻末【**資料4**】「**社外監査役**」（p.108）参照）。

　社外監査役の趣旨は、社外出身の監査役を置くことにより、経営執行部が影響を及ぼしうる者、または経営執行部に対して影響を及ぼしうる者から一定の距離を置いた立場からの意見を求め、より一層適正な監査の実現を図ろうとするものです。

　従来、社外監査役の要件は、会社およびその子会社の関係者ではないことを要求されるのみでしたが、親会社等の関係者や会社の取締役等の近親者では社外監査役の趣旨を満たすことが困難であるとの指摘があったことから、平成26年改正により、親会社および兄弟会社の関係者や会社の取締役等の近親者ではないことが要件として追加されました。一方、従来、過去に一度でも会社またはその子会社の関係者であった者は退職後何年経過しても社外監査役になることはできませんでしたが、平成26年改正により、退職後10年を経過した者については社外監査役となることができるとされました。

4　会計監査人

　会計監査人は、会社の計算書類およびその附属明細書、臨時計算書類ならびに連結計算書類を監査し、会計監査報告を作成する義務を負っています（会396条1項）。

　なお、大会社である限り公開会社であるか否かにかかわらず、会計監査人の設置は義務づけられています（会328条）。

(1)　会計監査人の役割

　会計監査人は、株主総会の決議（普通決議）で選任された公認会計士または監査法人で、会計の専門家として取締役から提出される計算書類およびその附属明細書を監査し、会計監査報告を作成する義務を負っています（会396条1項、436条2項1号）。

　指名委員会等設置会社および監査等委員会設置会社を除く大会社においては、監査役の監査と会計監査人の監査とが行われることになりますが、監査役には会計監査人の監査の相当性の判定も義務づけられています。このため、個々の監査役は、必要があるときは、会計監査人に対しその監査に関する報告を求めることができます（会397条2項）。

(2)　会計監査人の任免

　会計監査人の選任・解任・不再任の権限を有するのは株主総会ですが、その議案の決定権は監査役会に認められています（会344条1項・3項）。不再任または解任を株主総会の議題とする場合も同様です。

　従来、会計監査人の選解任等の議案の決定権は取締役（会）に認められ、監査役会は同意権を有するものとされていました。しかし、監査を受ける立場にある取締役（会）が会計監査人の選解任等に関する議案を決定することは会計監査人の独立性の観点から問題があり、また、監査役会の同意権だけでは独立性の確保に十分ではないと指摘されていました。そこで、平成26年改正により、会計監査人の独立性を強化するとともに、監査役会と会計監査人の密接な関係に鑑み、会計監査人の選解任等にかかる議案は監査役会が決定することとされました。

　また、会計監査人が職務上の義務に違反したときなどは、監査役全員の同意をもって会計監査人を解任することができます（会340条1項・2項・4項）。この場合、解任後最初に招集される株主総会において、解任の旨およびその理由を報告する必要があります（同条3項・4項）。

Q6　監査役設置会社と限定監査役設置会社・監査役非設置会社の違い

　監査役設置会社と限定監査役設置会社（監査役の監査の範囲を会計に関するものに限定する旨の定款の定めを設けた会社）・監査役非設置会社の違いはありますか。

　本来、監査役とは株主に代わって取締役の業務執行について監査する機関ですので、監査役が設置されない会社にあっては、株主が自ら取締役の業務執行を監督するための

仕組みが必要となります。監査役の職務権限が会計監査に限定されている会社においても、株主に取締役の業務執行を監督させる要請があることは同様です。会社法上、監査役設置会社の定義から、監査役の権限が会計監査に限定された会社（便宜的に限定監査役設置会社と呼びます）は除外されており（会 2 条 9 号）、監査役を設置していない会社と同じ規律に服させています。具体的には、監査役設置会社と限定監査役設置会社・監査役非設置会社とでは、株主の権利に下の表のような区別が設けられています。

　限定監査役設置会社・監査役非設置会社では、株主には取締役会招集請求権が与えられ、また裁判所の許可なしに取締役会議事録の閲覧請求をすることができます。このように限定監査役設置会社等においては株主に多大な権限が与えられています。単独株主や家族、一族での経営のように、実質的に株主が 1 人である場合はともかく、そうでない会社にとっては、経営者に負担の重いものといえますので、会計監査に限定しない監査役を設置することの意味は大きいといえます。

	監査役設置会社	限定監査役設置会社／監査役非設置会社
株主の取締役会議事録閲覧・謄写請求権	裁判所の許可が必要（会 371 条 3 項）	裁判所の許可は不要（会 371 条 2 項）
取締役の報告義務の対象者	監査役（会 357 条 1 項）	株主（会 357 条 1 項）
株主による取締役の違法行為差止請求権行使の要件	当該会社に回復することのできない損害が生ずるおそれがあるとき（会 360 条 3 項）	当該会社に著しい損害が生ずるおそれがあるとき（会 360 条 1 項）
株主による取締役会招集請求権・招集権	なし	会社の目的の範囲外、法令・定款違反行為（またはおそれ）があるとき（会 367 条 1 項）。取締役がこれに応じない場合には直接招集権が発生し（同条 3 項）、当該取締役会に出席のうえ意見を述べることができる（同条 4 項）
定款授権に基づく役員等の責任の一部免除制度	適用あり（会 426 条 1 項）	適用なし（会 426 条 1 項）

Q7　監査役の業務分担

監査役会決議により監査役の業務分担が定められた場合、監査役はその業務分担決議に応じてその業務を行いさえすれば、自己の職務を果たしたことになりますか。

監査役会での各監査役の業務分担決議が、監査役の善管注意義務に照らして相当なものと判断されれば、個々の監査役はその決議に従う必要があります。したがって、その決議に基づいて業務を行えば、職務を果たしたとして任務懈怠責任を問われないことになります。

しかし、他の監査役の調査結果の相当性に疑義がある場合には、たとえ自己の分担外の事項であっても、自らの調査権に基づいて調査することができますし、調査する義務を負うことになります。したがって、他の監査役の調査結果が、自らの善管注意義務を尽くせば当然その内容に疑義を抱くような内容の場合、自ら調査することなく放置すると、その監査役は任務懈怠責任を問われることになります。

Q8　監査役が欠けた場合の監査の効力

監査役会設置会社において、法律または定款で定めた監査役の員数を欠いた状態で行われた監査の効力はどのようになりますか。また、常勤監査役または社外監査役を欠いた場合はどうですか。

いずれの場合でも、そのような状態で作成された監査報告は、瑕疵が存在すると考えられます。本来であれば、会計監査人設置会社においては、会計監査人の会計監査報告と監査役会の監査報告の双方が適正意見を述べている場合、会社法 438 条 2 項の例外として、計算書類について、定時株主総会による承認決議が必要なくなり、単にその内容を報告すれば足りる場合があります（会 439 条、計規 135 条）。これはあくまで会計監査人の会計監査報告と監査役会の監査報告の双方が、法の定めに従って構成された機関によって作成された、瑕疵のないものであることが前提です。

したがって、このように瑕疵が存在する監査報告については、たとえ会計監査人が適法とした監査結果について監査役会で「相当でない」と認めた旨の記載がなくても、株主総会における計算書類の承認を省略できないことになります。

第6節　監査役と内部統制システム

1　会社法における内部統制システム

　会社法において、内部統制システムは株式会社の業務の適正を確保する体制として位置づけられています。すなわち、大会社ならびに指名委員会等設置会社および監査等委員会設置会社には、「取締役（執行役）の職務の執行が法令及び定款に適合することを確保するための体制その他株式会社の業務並びに当該株式会社及びその子会社から成る企業集団の業務の適正を確保するために必要なものとして法務省令で定める体制の整備」の「決定」が義務づけられています。ここで整備すべき体制がいわゆる「内部統制システム」であり、「決定」とは「内部統制システムの基本方針の決定」を意味するものと解されています。

　取締役会設置会社の場合、その決定は取締役会の決議によることが必要です（会362条5項、399条の13第2項、416条2項）。また、取締役会非設置会社の場合は取締役の過半数の多数による必要があります（会348条2項・4項）。

　さらに、代表取締役や業務執行取締役には「内部統制システムの基本方針の決定」に基づく、具体的な内部統制システムの構築・運用義務があり、他の取締役には内部管理システムの構築・運用状況の監視義務があると考えられています。

　また、内部統制システムの基本方針の決定または決議の内容の概要および当該体制の運用状況の概要は事業報告の内容とされています（会規118条2号。）。

　以上の内部統制システムの基本方針の決定や具体的な内部管理システムの構築・運用は取締役の職務執行として監査役の監査の対象となります（会381条1項。**第2章第3節「2　監査の実施」**(p.39) 参照）。監査役は、事業報告の監査において、内部統制システムの基本方針の決定もしくは決議の内容または当該システムの運用状況が相当でないと認めるときは、その旨およびその理由を内容とする監査報告を作成しなければなりません（会436条1項・2項2号、会規118条2号、129条1項5号）。

2　内部統制システムに関する裁判例

　内部統制システム構築義務に関しては、いわゆる大和銀行株主代表訴訟事件（大阪地判平12・9・20判時1721号3頁）以降、取締役に内部統制システムを構築（整備）する義務があることが示され、法制化の契機となりました。日本システム技術事件（最判平21・7・9判時2055号147頁）においては、最高裁判所が、取締役らが負うべき内部統制システム構築義務を認める初の判断を示しました（なお、巻末**【資料11】**

「**監査役をめぐる裁判例**」（p.122）**裁判例 5、裁判例 10** 参照）。これまで監査役の責任が認められた事例は少ないものの、今後、取締役の内部統制システムの構築義務違反とともに、監査役の監査義務違反が問われる事例もありえますので、監査役としても裁判例の動向に十分留意する必要があります。

3　内部統制システムに関する監査基準

　内部統制システムの監査の基準としては、日本監査役協会が「監査役監査基準」のもとに定める「内部統制システムに係る監査の実施基準」（平成 27 年 7 月 23 日最終改正）があります。同基準においては、①内部統制決議（第 5 条）、②内部統制システムの構築・運用の状況（第 6 条）および③内部統制システムに関する事業報告記載事項（第 7 条）が内部統制システムに係る監査の対象とされ、①～③のそれぞれにつき、具体的な監査のポイントが定められています（なお、②に係る監査の対象は、「法令等遵守体制」（第 9 条）、「損失危険管理体制」（第 10 条）、「情報保存管理体制」（第 11 条）、「効率性確保体制」（第 12 条）、「企業集団内部統制」（第 13 条）、「財務報告内部統制」（第 14 条）および「監査役監査の実効性確保体制」（第 5 章）の各項目で構成されています）。

　会社法における内部統制システムとは別に、金融商品取引法上の内部統制報告書の制度もあります（金商 24 条の 4 の 4）。これは財務報告に係る内部統制の強化を目的とするものであり、有価証券報告書提出会社を対象とするものです（日本監査役協会「内部統制システムに係る監査の実施基準」14 条においては「財務報告内部統制」の監査についても言及されています）。

　監査役としては、「内部統制システムに係る監査の実施基準」を参照し、善管注意義務の観点から、内部統制システムにつき監査を行うことが求められます。

第2章
監査の実施

POINT

1　公開会社である大会社（指名委員会等設置会社および監査等委員会設置会社を除く）においては、監査役会の設置が義務づけられ、監査役全員で監査役会を組織し、各監査役が適宜役割を分担し、組織的かつ効率的な監査を行うことが期待されている。しかし、監査役は独任制の機関であり、複数の監査役がいる場合でも各自が単独で権限を行使することができ、会社に対して、それぞれが独自に責任を負う。

2　監査役の職務は、内部監査部門による監査、会計監査人による監査と連携をとりながら効率的に行う。

3　監査役の監査の内容は、業務監査と会計監査が基本である（公開会社、監査役会設置会社、会計監査人設置会社のいずれにも該当しない会社において、定款で監査役の監査範囲を会計監査に限定した場合は会計監査のみを行う）。

4　監査役は、監査業務のため、取締役会に出席して必要な場合には意見を述べる権限・義務があり、取締役・使用人に対して事業の報告を求め、または会社の業務・財産の状況を調査する権限等を有する。監査役はこの権限を行使し、重要な会議への出席、重要書類の閲覧、実地調査、子会社の調査などを行う。

5　監査役は、「内部統制システム」の構築・運用状況について監査することが必要である。

6　会計監査人設置会社の監査役の会計監査は、会計監査人の監査業務の方法と結果が妥当か否かのチェックである。

7　監査計画の策定にあたっては、監査日程を踏まえ、監査役間の協議、取締役をはじめとする関係部門との調整に留意する。

第1節　監査体制

1　独任制と協力体制

公開会社である大会社（指名委員会等設置会社および監査等委員会設置会社を除きます）は、すべての監査役で組織する監査役会の設置が義務づけられています（会328条1項、390条1項）。また、これ以外の会社でも取締役会設置会社（指名委員会等設置会社および監査等委員会設置会社を除きます）であれば監査役会を置くことができます（会326条2項、327条1項2号）。

また、監査役会設置会社でない会社であっても、複数の監査役が置かれている場合もあります。

監査役は、独任制の機関とされており、監査役が複数存在しても、それぞれ独立して、会社全体の業務・財産の状況を調査し、監査しなければなりません。しかし、たとえば、監査役会の決議により、A監査役は甲事業部門、B監査役は乙事業部門というように、業務分担を定めた場合は、その業務分担が合理的である限り、各監査役は、自己の分担部分以外は注意義務が軽減されると考えられています。つまり、合理的な業務分担が定められている場合で、善管注意義務をもって、他の監査役の監査結果を相当と判断したときは、その結果に基づき、自己の監査の結果を表明することも認められています。しかし、監査結果の相当性に疑念があるときなどは、他の監査役の監査結果に依拠してはならず、さらに調査するなどの対応が必要となります（**Q7**（p.22）参照）。

また、監査役会において、監査の方針、業務および財産の状況の調査の方法その他の監査役の職務の執行に関する事項が決定された場合であっても、監査役の権限の行使を妨げることはできないとされています（会390条2項ただし書）。

さらに、監査役会の監査報告では、一定の場合に各監査役による監査報告の内容を付記することもできます（会規130条2項、計規123条2項、128条2項）。

監査役は、監査報告を作成するにあたり、その職務を適切に遂行するため、自社および子会社の取締役や使用人などとの意思疎通を図り、情報の収集および監査の環境整備に努めなければなりません（会381条第1項、会規105条2項。ただし、意思疎通が必要な場合であっても、あくまで監査役は、公正不偏の態度および独立の立場を保持しなければなりません（会381条第1項、会規105条3項）。また、他の監査役や親会社・子会社の監査役などと意思の疎通や情報の交換を図ることにも努めなければなりません（会381条1項、会規105条4項）。とくに非常勤の監査役は、どうしても会社の業

務執行についての情報が不足しがちとなりますので、内部監査部門や常勤監査役など
から適宜情報の提供を受けるなどの対応が求められます。

　なお、大会社（公開会社であるかどうかを問いません）、監査等委員会設置会社および
び指名委員会等設置会社は会計監査人の設置が義務づけられ（会327条5項、328
条）、その他の会社は任意で会計監査人を設置することができます（会326条2項）。

　会計監査人設置会社の監査役は、原則として、会計監査人による会計監査の方法ま
たは結果の相当性を監査することにより、会計監査を遂行します（**本章「第4節　会
計監査」**(p.42) 参照）。そのため、監査役は、会計監査人の監査に関する報告を求め
ることができます（会397条2項）。一方、会計監査人は、その職務を行うに際して、
取締役・執行役の職務の執行に関し、不正の行為または法令・定款に違反する重大な
事実があることを発見したときは、遅滞なく監査役（会）に報告しなければなりませ
ん（同条1項）。

2　補助者・内部監査部門との関係

　会社の規模が大きく監査の対象が膨大な場合は、監査役が、職務の補助者として使
用人を置くことを求めたり、内部監査部門の監査結果を活用したりすることが考えら
れます（上場会社の監査役においてはとくに考慮が求められます。巻末**【資料12】**「コー
ポレートガバナンス・コード（抄）」(p.136) **補充原則4-13③**参照）。

(1)　監査役の補助者

　監査機能の強化のため、監査役が補助者の設置を求めた場合に、会社が会社の使用
人を専属または兼務の形で補助者を置く方法や、監査役が自ら外部の補助者を雇って
費用を会社に請求する方法があります。また、必要に応じて、自ら弁護士、公認会計
士等を起用することも可能です。これらは会社の規模・事業内容等に応じて検討され
ることになります。

　なお、会社の使用人を補助者とした場合は、取締役からの独立性が確保されている
ことが求められます。たとえば、その補助者の人事考課等などについて、監査役と協
議を必要とするなど、独立性の確保について、各会社の方針に基づき検討することに
なります。これらの事項は、いわゆる「内部統制システム」の決議事項（会362条4
項6号、会規100条3項1号・2号）とされ、事業報告において開示されることになり
ます（会規118条2号）。

(2)　内部監査部門との関係

　内部監査部門による監査とその結果は、監査役が監査を行うにあたって重要な情報
となりますので、監査役の職務を適切に遂行するためには、内部監査部門の使用人と
の意思疎通を図り、情報の収集および監査の環境の整備に努めなければなりません。

また、この場合、取締役会は、そのための必要な体制の整備に留意しなければなりません（会規 105 条 2 項）。

　しかし、内部監査部門は、取締役の指揮命令下で、使用人による会社の業務の執行が適正に行われているかどうかを監査するのに対して、監査役は、代表取締役その他の取締役の職務の執行を監査しますので、両者は根本的にその立場を異にしています。

Q9　コーポレートガバナンス・コード

コーポレートガバナンス・コードとは何ですか。

　コーポレートガバナンス・コードは、上場会社を対象に、東京証券取引所が、実効的なコーポレート・ガバナンスの実現に資する主要な原則を示したものです（巻末【資料12】「コーポレートガバナンス・コード（抄）」（p.136）参照）。
　ここでいう「コーポレート・ガバナンス」とは、会社が株主をはじめ顧客・従業員・地域社会等の立場を踏まえたうえで、透明・公正かつ迅速・果断な意思決定を行うための仕組みを意味するとされています。
　上場会社は、上場規程においてコーポレートガバナンス・コードの趣旨・精神を尊重しなければならないものとされ、コードの各原則を実施するか、実施しない場合にはその理由を説明することが求められています（いわゆる「コンプライ・オア・エクスプレイン」）。

監査等委員会設置会社

 Q2　監査体制

監査等委員会等設置会社における監査はどのような体制で行われますか。

　監査等委員会設置会社の場合は、独任制の機関である監査役による監査と異なり、取締役会の内部組織である監査等委員会が内部統制部門を通じて監査を行います。
　監査等委員会が選定する監査等委員は、取締役等および子会社に対する報告請求権や業務・財産調査権を有しています（会 399 条の 3 第 1 項・2 項）が、監査等委員会が一体となって組織的に監査を行うために、報告徴収・調査に関する事項について監査等委員会の決議がある場合は、この決議に従わなければなりません（同条 4 項）。これは、各監査役が独任制の機関としてそれぞれ独立して監査しなければならないのに対し、監査等委員会は組織的に監査を行うことが予定されており、監査等委員会の決議を優先させる必要があるためです。ただし、各監査等委員は、監査等委員会の監査報告に意見を

付記することができます（会規130条の2第1項、計規128条の2第1項）。

　なお、取締役が不正の行為またはその行為をするおそれがあると認めるとき、または法令・定款に違反する事実もしくは著しく不当な事実があると認めるときは、監査等委員は取締役会に遅滞なく報告しなければなりません（会399条の4）。

　ところで、監査機能の強化のために監査等委員にも、補助者を置くことができます。また、使用人のほか、取締役が補助する場合もあります。この場合、補助すべき取締役についても、「内部統制システム」の決議事項および事業報告の開示事項とされています（会399条の13第1項1号ロ、会規110条の4第1項・2号、118条2号。なお、内部統制システムについては、**本章第3節「2　監査の実施」**（p.39）参照）。また、監査等委員会設置会社においても会計監査人を置かなければならず（会327条5項）、監査等委員会の権限を会計監査に限定することはできません。したがって、監査等委員は、会計監査について会計監査人と調整を図ることになります（会397条1項・4項）。

指名委員会等設置会社

Q2　監査体制

　指名委員会等設置会社における監査はどのような体制で行われますか。

　指名委員会等設置会社の場合は、内部統制部門を通じて組織的に監査を行う点で監査等委員会と共通しています。

　監査委員会が選定する監査委員は、監査等委員会における監査等委員と同様に、執行役、取締役、支配人その他の使用人に対する報告請求権や業務・財産調査権、子会社に対する報告請求、業務・財産調査権を有しています（会405条1項・2項）が、監査委員会において報告の徴収または調査に関する事項について監査委員会の決議があるときは、この決議に従わなければなりません（同条4項）。ただし、各監査委員は、監査委員会の監査報告に意見を付記することができます（会規131条1項、計規129条1項）。取締役・執行役が不正の行為をした場合などの取締役会への監査委員の報告義務が定められている点（会406条）も同様です。

　また、体制に関する他の事項として、監査委員会を補助する使用人・取締役の設置に関する事項についての「内部統制システム」の決議および事業報告への開示（会416条1項1号ロ、会規112条1項1号・2号、118条2号）、会計監査人の設置が必須とされている点（会327条5項）も、監査等委員会設置会社と同様です。

第 2 節　監査役の職務と権限

1　業務監査と会計監査

　監査役は、原則として取締役の職務の執行を監査します（業務監査といわれています。会 381 条 1 項）。公開会社、監査役会設置会社、会計監査人設置会社のいずれにも該当しない会社は、定款の定めにより監査の範囲を会計に関するもの（会計監査）に限定することができます（会 389 条 1 項）。

2　監査役の権限・義務

　監査役には、その職務を遂行するために権限・義務があり、行使すべき権限を行使しないことが不当な場合は、監査役の善管注意義務違反が問われます。

　たとえば、取締役の違法行為差止請求権は、権限であるとともに必要あるときは行使する義務があると考えられます（会 385 条 1 項）。

　ただし、監査の範囲が会計に関するものに限定されている場合には、業務監査の遂行のための権限もなく、是正する義務はありません（会 389 条 7 項）。

　監査役および監査役会の主な権限・義務は、次のとおりです。

●監査役および監査役会の主な権限・義務（監査の範囲が会計に限定されていない場合）

	監査役	監査役会
(1) 一般的な監査権限	①取締役の職務の執行の監査権（会 381 条 1 項）	①監査方針、会社の業務および財産の状況の調査の方法その他の監査役の職務の執行に関する事項の決定（会 390 条 2 項 3 号） ②常勤監査役の選定・解職（会 390 条 2 項 2 号・3 項）
(2) 調査・報告に関する権限	①取締役・会計参与・支配人その他の使用人に対する報告請求権、業務財産状況調査権（会 381 条 2 項） ②子会社に対する報告請求権、業務財産状況調査権（会 381 条 3 項） ③取締役から会社に著しい損害を及ぼすおそれがある事実について、報告を受領（会 357 条 1 項）	①監査役からの職務執行状況について、報告を受領（会 390 条 4 項） ②取締役から会社に著しい損害を及ぼすおそれのある事実について、報告を受領（会 357 条 1 項・2 項）

	④会計監査人に対する報告請求権（会397条2項）——会計監査人設置会社のみ ⑤会計監査人から取締役の職務の執行に関し、不正の行為または法令もしくは定款に違反する重大な事実について、報告を受領（会397条1項）	③会計監査人から取締役の職務の執行に関し、不正の行為または法令もしくは定款に違反する重大な事実について、報告を受領（会397条1項・3項）
(3)決算における監査に関する権限	①計算書類・事業報告・附属明細書の監査（会436条1項・2項） ②臨時計算書類の監査（会441条2項） ③連結計算書類の監査（会444条4項） ④監査報告の作成（会381条1項、会規105条、129条1項、計規122条1項、127条1項） ⑤会計監査人に対する報告請求権（会397条2項）——会計監査人設置会社のみ ⑥会計監査人の会計監査報告の受領（計規130条）	①監査報告の作成（会390条2項1号、会規130条、計規123条、128条） ②監査役からの監査報告の受領（会規130条1項、計規123条1項、128条1項）
(4)取締役会に関する権限・義務	①取締役会への出席義務および意見陳述義務（会383条1項） ②取締役会への報告義務（取締役が不正の行為もしくは当該行為をするおそれがあると認めるとき、または法令もしくは定款に違反する事実もしくは著しく不当な事実があると認めるとき）（会382条） ③取締役会の招集請求権および招集権（会383条2項・3項） ④特別取締役による取締役会への出席義務（互選により出席する監査役を定めることが可能）（会383条1項ただし書）	
(5)株主総会に関する権限・義務	①株主総会における説明義務（会314条） ②株主総会提出議案、書類、電磁的記録その他の資料の調査・報告義務（会384条、会規106条）	
(6)監査役等の地位に関する権限	①監査役の選任議案の提出に対する同意権（会343条1項） ②監査役選任に係る議題および議案提出請求権（会343条2項） ③監査役の選任・解任・辞任の場合の意見陳述権（会345条1項～4項）	①監査役の選任議案の提出に対する同意権（会343条1項・3項） ②監査役選任に係る議題および議案提出請求権（会343条2項・3項）

	④会計監査人の選任議案ならびに解任および不再任議案の内容・提出に対する決定権（会 344 条 1 項・2 項） ⑤会計監査人の報酬等決定同意権（会 399 条 1 項） ⑥各監査役の報酬等についての協議権（会 387 条 2 項） ⑦報酬等に関する意見陳述権（会 387 条 3 項） ⑧監査費用等請求権（会 388 条） ⑨一時会計監査人の選任権（会 346 条 4 項）	③会計監査人の選任議案ならびに解任および不再任議案の内容・提出に対する決定権（会 344 条 1 項・3 項） ④会計監査人の報酬等決定同意権（会 399 条 1 項・2 項） ⑤一時会計監査人の選任権（会 346 条 4 項・6 項）
(7)監督是正措置に関する権限	①取締役の目的外行為、法令・定款違反行為差止請求権（会 385 条 1 項） ②各種の訴え提起権（会 828 条 2 項、831 条 1 項）	
(8)その他の権限・義務	①会社と取締役間の訴訟の代表権（会 386 条） ②会社設立手続の調査義務（会 93 条） ③株主代表訴訟における会社が補助参加する場合の同意（会 849 条 3 項 1 号） ④取締役等の責任を追及する訴えに係る訴訟における会社が和解する場合の同意（会 849 条の 2 第 1 号） ⑤監査役会招集権（会 391 条）——監査役会設置会社のみ	

3　適法性監査と妥当性監査

　監査役の職務のうち、業務監査は、取締役の職務の執行が法令および定款に適合しているかどうかの監査（「適法性監査」）に限られるのか、それとも業務執行として妥当な選択なのか、または代替案はないのかという取締役の職務の執行の妥当性についての監査（「妥当性監査」）にまで及ぶのかについては議論があるところです。

　この点については、一般的には適法性監査に限られるとされています。その理由としては、妥当性については取締役会の監督機能においてチェックすることが適切だとも考えられているからです。

　しかしながら、取締役の職務の執行が著しく妥当性を欠く場合は、それが取締役の善管注意義務・忠実義務違反となりますので、この点における妥当性の監査は「適法性監査」に含まれると解されます。たとえば、会社法では、内部統制システム等についての取締役会の決定が相当でないと認めた場合はその旨を監査報告の内容とすること（会規 129 条 1 項 5 号、130 条 2 項 2 号）や、会社の支配に関する基本方針（いわゆ

る「買収防衛策」）についての意見を監査報告の内容とすること（会規129条1項6号、130条2項2号）など、一部では、監査役に妥当性監査を認めているとみることができる規定もあります。

　したがって、適法性監査があくまで基本であるものの、これらの適法性・妥当性の区分の議論の必要性は少なくなっているといえると考えられます。

監査等委員会設置会社

 監査権限

監査等委員会設置会社における監査権限の範囲はどこまでですか。

　監査役等委員会設置会社における監査等委員会は、取締役の職務執行の監査をその職務として行います（会399条の2第3項1号）。この監査は、取締役の職務執行の妥当性にも及びます。この妥当性監査については、指名委員会等設置会社における監査委員会と同様と解されていますが、監査等委員会は、監査等委員である取締役以外の取締役の選任等および報酬等についての妥当性の意見を決定しなければならず（同項3号）、また、監査等委員会が選定する監査等委員はこれらの点について株主総会で意見を述べることができる点につき（会342条の2第4項、361条6項）、監査委員会の権限と相違しています。

　監査等委員会および監査等委員の主な権限・義務は次のとおりです。

	監査等委員	監査等委員会
(1)一般的な監査権限		取締役（会計参与設置会社では取締役・会計参与）の職務の執行の監査権（会399条の2第3項1号）
(2)調査・報告に関する権限	①取締役（会計参与設置会社では取締役・会計参与）に対する報告請求権、業務財産状況調査権（会399条の3第1項）※1 ②子会社に対する報告請求権、業務財産状況調査権（会399条の3第2項）※1 ③取締役から会社に著しい損害を及ぼすおそれがある事実について報告を受領（会357条1項・3項） ④会計監査人に対する報告請求権（会397条2項・4項）※1	会計監査人からの取締役の職務の執行に関し、不正の行為または法令もしくは定款に違反する重要な事実について、報告を受領（会397条1項・4項）

(3)決算における監査に関する権限	①会計監査人に対する報告請求権（会 397 条 2 項・4 項）※ 1 ②会計監査人の監査報告の受領（計規 130 条 1 項・5 項 3 号）※ 2	①計算書類・事業報告・附属明細書の監査（会 436 条 2 項） ②臨時計算書類の監査（会 441 条 2 項） ③連結計算書類の監査（会 444 条 4 項） ④監査報告の作成（会 399 条の 2 第 3 項 1 号、会規 130 条の 2、計規 128 条の 2）
(4)取締役会に関する権限・義務	①取締役会への報告義務（取締役による不正行為もしくはそのおそれがあると認めたとき、または法令・定款に違反する事実もしくは著しく不当な事実があると認めるとき）（会 399 条の 4） ②取締役会の招集権（会 399 条の 14）※ 1	
(5)株主総会に関する権限・義務	①株主総会における説明義務（会 314 条） ②株主総会への報告義務（取締役が株主総会に提出しようとする議案等が法令もしくは定款に違反し、または著しく不当な事項があると認めるとき）（会 399 条の 5） ③監査等委員である取締役以外の取締役の選任等および報酬等の妥当性についての監査等委員会の意見の陳述権（会 342 条の 2 第 4 項、361 条 6 項）※ 1	監査等委員である取締役以外の取締役の選任等および報酬等の妥当性についての監査等委員会の意見の決定（会 399 条の 2 第 3 項 3 号）
(6)監査等委員である取締役・会計監査人の地位に関する権限	監査等委員である取締役の選任等および報酬等についての意見陳述権（会 342 条の 2 第 1 項、361 条 5 項）	①監査等委員である取締役の選任に関する議案の同意権および選任議案の提出等の請求権（会 344 条の 2 第 1 項・2 項） ②会計監査人の選解任等に関する議案の内容の決定（会 399 条の 2 第 3 項 2 号）
(7)監査等委員会の職		①報告請求権・業務財産状況調査権を行使する監査等委員の選定（会

務執行に関する決定権限		399条の3第1項・2項) ②報告の徴取または調査事項についての決定（会399条の3第4項）
(8)監督是正措置に関する権限	①取締役の目的外行為、法令・定款違反行為差止請求権（会399条の6) ②各種の訴え提起権（会828条2項、831条）	
(9)その他の権限・義務	①会社と取締役（監査等委員を除く）の訴訟の代表権（会399条の7)　※1 ②株主代表訴訟における会社が補助参加する場合の同意（会849条3項2号) ③取締役（監査等委員を除く）等の責任を追及する訴えに係る訴訟における会社が和解する場合の同意（会849条の2第2号）	

※1　監査等委員会が選定した監査等委員の権限
※2　監査等委員会が会計監査報告の内容の通知を受ける監査等委員を定めた場合は当該監査等委員、それ以外の場合は監査等委員のうちいずれかの者

指名委員会等設置会社

Q3　監査権限

指名委員会等設置会社における監査権限の範囲はどこまでですか。

指名委員会等設置会社における監査委員会は、執行役および取締役の職務執行の監査をその職務として行います（会404条2項1号）。この監査は、取締役・執行役の職務執行の妥当性にも及ぶと考えられています。これは、①監査委員会は、その監督権限が妥当性まで及ぶ取締役会の内部機関であること、②監査委員が取締役であり、取締役として、妥当性のチェックが義務であることから、監査委員会の権限をとりわけ適法性監査に限定する実益はないからです。

監査委員会および監査委員の主な権限・義務は、次のとおりです。

	監査委員	監査委員会
(1)一般的な監査権限		執行役等（執行役・取締役・会計参与）の職務の執行の監査権（会404条2項1号）
(2)調査・報告に関する権限	①執行役等・支配人その他の使用人に対する報告請求権、業務財産状況調査権（会405条1項）※1 ②子会社に対する報告請求権、業務財産状況調査権（会405条2項）※1 ③執行役から会社に著しい損害を及ぼすおそれがある事実について報告を受領（会419条1項） ④会計監査人に対する報告請求権（会397条2項・5項）※1	会計監査人からの執行役または取締役の職務の執行に関し、不正の行為または法令もしくは定款に違反する重要な事実について、報告を受領（会397条1項・5項）
(3)決算における監査に関する権限	①会計監査人に対する報告請求権（会397条2項・5項）※1 ②会計監査人の監査報告の受領（計規130条1項・5項4号）※2	①計算書類・事業報告・附属明細書の監査（会436条2項） ②臨時計算書類の監査（会441条2項） ③連結計算書類の監査（会444条4項） ④監査報告の作成（会404条2項1号、会規131条、計規129条）
(4)取締役会に関する権限・義務	①取締役会への報告義務（執行役または取締役による不正行為もしくはそのおそれがあると認めたとき、または法令・定款に違反する事実もしくは著しく不当な事実があると認めるとき）（会406条） ②取締役会の招集権（会417条1項）※1	
(5)株主総会に関する権限・義務	株主総会における説明義務（会314条）	

(6)会計監査人の地位に関する権限		会計監査人の選解任等に関する議案の内容の決定（会 404 条 2 項 2 号）
(7)監査委員会の職務執行に関する決定権限		①報告請求権・業務財産状況調査権を行使する監査委員の選定（会 405 条 1 項・2 項） ②報告の徴取または調査事項についての決定（会 405 条 4 項）
(8)監督是正措置に関する権限	①執行役または取締役の目的外行為、法令・定款違反行為差止請求権（会 407 条） ②各種の訴え提起権（会 828 条 2 項、831 条）	
(9)その他の権限・義務	①会社と取締役（監査委員を除く）・執行役の訴訟の代表権（会 408 条）※ 1 ②株主代表訴訟における会社が補助参加する場合の同意（会 849 条 3 項 3 号） ③取締役（監査委員を除く）・執行役等の責任を追及する訴えに係る訴訟における会社が和解する場合の同意（会 849 条の 2 第 3 号）	

※ 1　監査委員会が選定した監査委員の権限
※ 2　監査委員会が会計監査報告の内容の通知を受ける監査委員を定めた場合は当該監査委員、それ以外の場合は監査委員のうちいずれかの者

第 3 節　業務監査

1　業務監査の対象

(1)　業務監査とは

　業務監査とは、監査役が行う取締役の職務執行の監査のうち、取締役の業務執行について法令、定款違反がないかどうかを監査することをいいます。会社の経営上の判

断が妥当かどうかについては、原則として取締役の判断によりますが、裁量の範囲を超えるような場合には、善管注意義務違反の問題が生じ、業務監査の範囲となります。

　また、複数の監査役の間で監査範囲を分担することは実務上よく行われますが、当該業務の監査について自らが分担していないことを理由に責任を逃れることはできません（**Q7**（p.22）参照）。

　つまり、それぞれの監査役が、会社における取締役のすべての業務執行について業務監査を行うこととなります。

　なお、公開会社、監査役会設置会社、会計監査人設置会社のいずれにも該当しない会社は、定款で監査役の監査の範囲を会計に関するものに限定することができます（会389条1項）。このように、監査役の監査の範囲が会計に関するものに限定されている場合、およびそもそも会社に監査役が設置されていない場合（監査等委員会設置会社、指名委員会等設置会社を除きます）には、株主による取締役の職務執行に対する業務監督権限、是正権限が強化されています（会357条1項、360条1項、367条1項、371条2項等）。

(2)　経営判断の合理性

　取締役の業務執行の意思決定における適法性を検証するためには、その意思決定が「法令・定款」の具体的な規定に違反していないことを確認することに加えて、いわゆる経営判断にあたって取締役の善管注意義務・忠実義務違反がないこと（合理性があること）を確認する必要があります。

　そこで、監査役としては、取締役が次のような点を踏まえた意思決定のプロセスを経て業務執行を行っているかどうか、監査していくことが重要です。

① 取締役の経営上の判断は、必要な情報を集めたうえで慎重に検討されたものであること

② 企業人の経験と識見に基づき合理的な計算により判断されたものであり、合理的な根拠を有すること

③ 経営判断の対象は、取締役が利害関係を有するものであって会社の利益に反する結果となるようなことはないこと（すなわち忠実義務違反とはならないものであること）

④ 当該判断が法令・定款違反の結果を引き起こすものではないこと

　これらの点を通じて、監査役は取締役の判断が合理的な裁量の範囲内かどうか、監査を行っていくことになります。

(3)　子会社に対する監査

　グループ連結経営の観点から、親会社の監査役が子会社の業務執行について監査す

ることができるかが問題になります。

　子会社とはいえ親会社と別法人ですので、親会社の監査役は、子会社の取締役の業務執行の監査そのものを行うわけではなく、あくまでも子会社の監査役が監査を行います。

　しかし、子会社の取締役の業務執行は、親会社に影響を及ぼします。そのため、親会社の監査役は、必要な範囲で子会社に対する業務調査権限を持ちます（会 381 条 3 項）。さらに、親会社の監査役には子会社の監査役と情報交換・意思疎通する努力義務が課されています（会規 105 条 4 項）。また、内部統制システムに係る監査（後述の**本節 2「⑵　内部統制システム」**参照）を行うにあたっては、親会社の監査役と子会社の監査役の連携により、企業集団における業務の適正を確保するための体制の監査を効率的に行うことが検討されるべきであるとされています（経済産業省のコーポレート・ガバナンス・システム研究会の議論に基づき 2019 年 6 月に策定された「グループ・ガバナンス・システムに関する実務指針」参照）。

　なお、子会社の監査役の監査の範囲が会計に関するものに限定されている場合または子会社に監査役がいない場合には、親会社が株主として業務監査権限を有しますが、これは親会社の取締役の業務執行の内容と考えられますので、親会社の監査役の職務ではありません。

2　監査の実施

⑴　監査の実施方法

　監査役は取締役の業務全般について幅広く監査することを求められているため、どのようにこれを行うかが問題となります。

　会社法では、取締役から監査役の地位を独立させているほか、監査役の取締役からの経営情報の入手、監査の結果違法行為を発見した場合の措置等、さまざまな権限および義務を付与することにより監査の実効性を確保しています（**本章「第 2 節　監査役の職務と権限」**（p.30）参照）。監査役は、これらの権限を行使して会社の業務執行に関する情報を収集したうえで取締役の業務執行に違法性がないか調査し、かりに問題があった場合にはその是正を図っていくことになります。

　一方で、監査役がこれらの権限を適切に行使しなかった場合には、業務監査が十分に行われなかった可能性があり、監査役の善管注意義務違反が問われることとなります（なお、監査の流れについては巻末**【資料 1】「監査役会設置会社における業務監査」**（p.104）参照）。

⑵　内部統制システム

　取締役会設置会社で大会社の場合は、「取締役（指名委員会等設置会社においては、

執行役）の職務の執行が法令及び定款に適合することを確保するための体制その他株式会社の業務並びに当該株式会社及びその子会社から成る企業集団の業務の適正を確保するために必要なものとして法務省令で定める体制の整備」（いわゆる内部統制システム）を取締役会において決議することが義務づけられ、これは事業報告に記載する必要があります（会362条4項6号・5項、399条の13第1項1号ハ、416条1項1号ホ、会規100条、110条の4第2項、112条2項、118条2号。なお、**第4章「第2節　監査報告」**（p.70）参照）。監査役は、業務監査により、法令・定款違反が行われているかのみならず、業務の適正を確保する仕組みである内部統制システムが構築・運用されているかについても監査を行います。

　内部統制システム整備の具体的な水準については、各社の判断に委ねられており、企業不祥事の未然防止等を図りつつ企業価値を向上させるため、それぞれの会社の実態・特性に応じて個別に判断し、構築していくことが必要とされています。したがって、監査役としても、必要かつ最適な水準でこれが構築・整備されているかどうかについて、自社の個別事情から判断していくことになります。

　取締役会設置会社、指名委員会等設置会社および監査等委員会設置会社それぞれの機関において求められる内部統制システムの整備に関する項目は、次のとおりです（なお、巻末**【資料2】「監査役、監査等委員および監査委員の比較」**（p.106）参照）。

●機関構成別にみる内部統制システムの体制の整備に必要な事項

(下線は、機関構成ごとの相違点を示します)

監査役（会）設置会社	監査等委員会設置会社	指名委員会等設置会社
①　当該株式会社の<u>取締役</u>の職務の執行が法令および定款に適合することを確保するための体制	同左	①　当該株式会社の<u>執行役</u>の職務の執行が法令および定款に適合することを確保するための体制
②　当該株式会社の<u>取締役</u>の職務の執行に係る情報の保存および管理に関する体制	同左	②　当該株式会社の<u>執行役</u>の職務の執行に係る情報の保存および管理に関する体制
③　当該株式会社の損失の危険の管理に関する規程その他の体制	同左	同左
④　当該株式会社の<u>取締役</u>の職務の執行が効率的に行われることを確保するための体制	同左	④　当該株式会社の<u>執行役</u>の職務の執行が効率的に行われることを確保するための体制

⑤　当該株式会社の使用人の職務の執行が法令および定款に適合することを確保するための体制	同左	同左
⑥　当該株式会社ならびにその親会社および子会社からなる企業集団における業務の適正を確保するための体制	同左	同左
⑦　当該監査役設置会社の監査役がその職務を補助すべき使用人を置くことを求めた場合における当該使用人に関する事項	⑦　当該株式会社の監査等委員会の職務を補助すべき取締役および使用人に関する事項	⑦　当該株式会社の監査委員会の職務を補助すべき取締役および使用人に関する事項
⑧　⑦の使用人の当該監査役設置会社の取締役からの独立性に関する事項	⑧　⑦の取締役および使用人の当該株式会社の他の取締役（監査等委員である取締役を除く）からの独立性に関する事項	⑧　⑦の取締役および使用人の執行役からの独立性に関する事項
⑨　当該監査役設置会社の監査役の⑦の使用人に対する指示の実効性の確保に関する事項	⑨　当該株式会社の監査等委員会の⑦の取締役および使用人に対する指示の実効性の確保に関する事項	⑨　当該株式会社の監査委員会の⑦の取締役および使用人に対する指示の実効性の確保に関する事項
⑩　当該監査役設置会社の監査役への報告に関する体制	⑩　当該株式会社の監査等委員会への報告に対する体制	⑩　当該株式会社の監査委員会への報告に関する体制
⑪　⑩の報告をした者が当該報告をしたことを理由として不利な取扱いを受けないことを確保するための体制	同左	同左
⑫　当該監査役設置会社の監査役の職務の執行について生ずる費用の前払いまたは償還の手続その他の当該職務の執行について生ずる費用または債務の処理に係る方針に関する事項	⑫　当該株式会社の監査等委員の職務の執行について生ずる費用の前払いまたは償還の手続その他職務の執行について生ずる費用または債務の処理に係る方針に関する事項	⑫　当該株式会社の監査委員の職務の執行について生ずる費用の前払いまたは償還の手続その他の当該職務の執行について生ずる費用または債務の処理に係る方針に関する事項

⑬　その他当該監査役設置会社の監査役の監査が実効的に行われることを確保するための体制	⑬　その他当該株式会社の監査等委員会の監査が実効的に行われることを確保するための体制	⑬　その他当該株式会社の監査委員会の監査が実効的に行われることを確保するための体制

第4節　会計監査

1　会計監査とは

　会計監査人設置会社以外の会社の監査役は、自ら会計監査を遂行します。一方、会計監査人設置会社の監査役は、会計監査人による会計監査の方法または結果の相当性を監査することにより、間接的に会計監査を遂行します。なお、会計監査人設置会社における監査役は、会計監査人による監査の方法または結果が相当でないと判断した場合には、自ら会計監査を遂行するとともに、会計監査人の解任などを検討することになります。

　「会計監査」とは、会計監査人設置会社以外の会社における監査役による監査報告および会計監査人による会計監査報告に関する規定（計規122条、126条）から、次に掲げる事項に関する監査であると考えられます。

①　会計帳簿に記載すべき事項に記載漏れや不実の記載がないか

②　会計帳簿に営業上の財産とその価額が正しく記載されているか

③　計算書類が会計帳簿に基づいて正確に作成されているか

④　計算書類が法令に従い会社の財産、損益の状況を正しく表示しているか

⑤　計算書類に関する会計方針の変更が相当か

⑥　附属明細書（会計に関する部分）に記載すべき事項に記載漏れや不実の記載または計算書類の記載と合致しない記載がないか

Q10　監査役と連結決算

監査役は、連結決算についても監査する必要がありますか。

　監査役（監査等委員会、監査委員会および会計監査人）は、連結計算書類を監査する必要があります（会444条4項）。さらに、会計監査人設置会社が取締役会設置会社である場合には、当該監査を受けた連結計算書類は、取締役会の承認を受けなければなら

ず（同条 5 項）、取締役は、定時株主総会の招集の通知に際して、会社計算規則 134 条の規定に従って、株主に対し、当該承認を受けた連結計算書類を提供しなければなりません（会 444 条 6 項）。

　なお、取締役は、当該取締役会で承認を受けた連結計算書類を定時株主総会に提出または提供し、当該内容および監査結果を報告することになります（会 444 条 7 項）。

2　会計監査人設置会社における会計監査

(1)　会計監査人による監査の相当性に関する監査

　会社法は、大会社ならびに指名委員会等設置会社および監査等委員会設置会社における会計監査人の設置を義務づけ（会 328 条、327 条 5 項）、決算手続において、会計監査人が計算書類（貸借対照表、損益計算書、株主資本等変動計算書および個別注記表（会 435 条 2 項、計規 59 条 1 項））およびその附属明細書、臨時計算書類ならびに連結計算書類を監査することとしています（会 396 条 1 項）。大会社に対して会計監査人の設置を義務づける趣旨は、大会社には株主および債権者その他利害関係人が多く、経理内容も複雑であることから、会計の専門家である公認会計士または監査法人が会計監査人として監査を実施することが望ましいという点にあります。

　会計監査人設置会社における監査役は、会計監査人による監査に関して、当該監査の方法または結果の相当性を監査します（計規 127 条。**第 4 章第 2 節「1　会計監査人設置会社の監査報告」**（p.70）参照）。

　会計監査人による監査の方法または結果に対する監査方法は、基本的には、次に掲げるような方法が考えられます。

ア　会計監査の方法に関する報告徴収、実地調査への立会い

　会計監査人の策定する監査計画、会計監査人の設定する重点監査項目および四半期（半期）監査に関する報告等を徴収し、各事項の相当性を判断します。つまり、当該監査の実施時において、会計監査人による監査が必要とされる水準の手段を用い、必要事項に対して網羅的に漏れなく監査が実施されているかどうかについて、評価を行います。また、受取手形その他有価証券等重要な資産の所在についての実地調査に立ち会うことも考えられます。

イ　会計監査の結果に対する相当性の評価

　会計監査人による監査の結果の相当性を評価するためには、会計監査人から徴収した監査の報告内容を検証する必要があるとともに、監査役も重点監査項目について会計監査を行い、当該監査結果をもって会計監査人の監査結果を検証する必要がありま

す。具体的には、次に掲げるような事項が想定されます。

① 損益計算書・貸借対照表の主な項目の内容分析

　㋐ 損益計算書における売上高の変化と受取手形、売掛金増減との関連性の検証

　㋑ 損益計算書における労務費の増減とその要因（従業員数、春季交渉結果との整合性）

　㋒ 引当金の適法性確認

② 損益計算書・貸借対照表の注記事項の適法性確認

③ 現金、預金等の金銭出納検査の結果報告の確認

⑵ 会計監査人による監査に対する監査役（会）の権限

　会社法における会計監査人による監査に対する監査役（会）の権限は、次に掲げるとおりです。

　ア　会計監査人からの取締役の不正行為の報告徴収

　会計監査人は、会計監査のみを遂行し、業務監査は行いませんが、会計監査の遂行過程において、取締役の職務の執行に関して不正の行為または法令・定款に違反する重大な事実があることを発見したときは、たとえ、当該不正行為等が会計監査以外の事項であっても、遅滞なく監査役（会）に報告しなければなりません（会397条1項・3項）。会計監査人から取締役の不正行為等に関する報告を受けた場合、監査役は、取締役の行為の差止請求権の行使（会385条1項）など適切な処置を検討することになります。

　イ　会計監査人に対する報告請求

　監査役は、その職務を行うために必要があるときは、会計監査人に対し、当該監査に関する報告を求めることができます（会397条2項）。監査役が求めるべき報告内容は、会計監査人がすでに実施した監査の方法、経過および結果のほか、将来に実施すべき監査事項も対象となります。さらに、会計監査人に対して報告が請求できる事項は、監査役が職務を行うために必要な事項に限られますが、取締役の職務の執行に関して不正の行為または法令・定款に違反する重大な事実が存在する疑いのある場合には、すでに会計監査人が収集した調査結果または意見に対する報告を求めるだけでなく、それ以外の事項についても報告を請求できるとされています。なお、会計監査人に対する当該報告の請求および徴収方法は、書面に限らず、口頭による場合でも差し支えありません。監査役が会計監査人の監査の相当性を判断するに際しては、会計監査人からの情報交換は必須となりますので、監査役は、会計監査人との間で当該情報交換に関する具体的な方法を取り決めておくことが望ましいでしょう。

3　会計監査人設置会社以外の監査役設置会社における会計監査

　会計監査人設置会社以外の監査役設置会社における監査役は、会計監査を遂行し、監査報告を作成します（計規 122 条、123 条）。監査内容は、監査報告に記載すべき内容（計規 122 条、123 条）を基準として設定することになります。

　なお、当該会計帳簿および計算書類等の適法な作成を確認するためには、次に掲げる 2 つの事項を確認する必要があります。

⑴　会計処理の方法の適法性

　株式会社の会計は、一般に公正妥当と認められる企業会計の慣行（たとえば、企業会計審議会における企業会計原則や企業会計基準委員会の公表する会計指針など）に従い（会 431 条）、処理しなければなりません。処理の方法が適法か否かを監査する必要があります。

⑵　隠された事項の有無

　会計に反映させるべき事項について、会計に反映されていないものがないか監査する必要があります。そのためには、少なくとも、会社の期末・期初の現実の財務状況を項目ごと（たとえば、預金残高、借入金残高、棚卸資産残高など）に確認するとともに、親会社や子会社との取引、あるいは固定資産の取引の有無など、会社の実情により監査の方法を考案していく必要があります。

第 5 節　監査計画、監査規程、監査費用

1　監査計画の策定

　合理的な監査を行っていくためには、年度単位の監査計画を作成しておくことが必要です。

　年度単位の監査計画には、事業年度を単位とする場合（3 月決算の場合、4 月から翌年 3 月まで）と、就任の時期や決算監査との関係で総会日から次の総会日までを単位とする場合（同じく通常 6 月末の総会日から翌年の総会日まで）があります。

　監査計画の策定にあたっては、たとえば、次のような事項につき、監査役間（または監査役会）において、取締役や関係部門、会計監査人と協議・確認しておくべきです。

①　取締役会その他の出席すべき重要会議の日程

②　本社各部門、各事業所の実地調査について、実地調査すべき資料・資産等のリストアップ、調査日程・方法等（子会社についても、実地調査の必要があれば同様

です）

③　内部監査部門等の監査日程

④　決算・株主総会および四半期（中間）決算のスケジュール（会計監査人の監査日程を含みます）（公開大会社の決算手続日程のサンプルについては巻末【資料 3】「**監査日程**」（p.107）参照）

以上のほか、必要に応じて、監査役間の協議（または監査役会の開催）や取締役からのヒアリングなどをスケジュール化しておくことも考えられます。なお、重要書類の閲覧等は、本来、日常的な業務と考えられますので、一般的には監査計画にあえて取り上げることはないとされています。

2　監査と事業年度

監査と事業年度との関係でとくに問題となるのは、新任監査役の就任時期と監査の対象となる事業年度の開始時期との間にズレがあることです。たとえば、3 月末決算の会社を例にとってみますと、新任監査役が選任されるのは、通常 6 月末の定時株主総会ですから、その時から監査を開始することになります。これに対して、監査の対象となる事業年度は、すでに約 3 カ月前の 4 月 1 日から始まっています。

この未就任期間約 3 カ月の状況については、一般的には、次の方法により監査が可能と解されています。

①　前任者から事務の引継ぎを受けまたは他の在任者からの説明を受ける

②　前任者または他の在任者の監査関係書類やその期間の監査役会議事録、取締役会議事録その他の重要書類を閲覧する

③　在任取締役や使用人から当該期間の事情を聴取する

④　その他必要に応じて実地調査等を行う

一方、監査は、決算監査との関係から、事業年度を単位として行われることが一般的ですが、監査役は、在任している限り、事業年度終了後の事項についても、監査する必要があります。事業年度終了後は、決算監査と同時に次の事業年度の監査も行うこととなりますが、それは、後発事象の監査という意味合いからも（後発事象については、**第 4 章第 2 節 1「(6)　後発事象と取締役の職務の執行に関する記載事項**」（p.73）参照）、また、次の事業年度の監査のスタートという意味合いからも不可欠な業務です。

Q11　退任取締役の監査役就任と取締役在任期間に関する監査

　取締役を退任すると同時に監査役に就任した者については、就任前約 3 カ月間の業務執行に関する監査が自己の業務執行に対する監査（自己監査）となりますか。

　当該監査については、自己監査には該当しません。監査役と取締役の兼任、つまり取締役としての職務を執行しながら、一方で自ら行った職務執行を監査役として監査することは、いわゆる自己監査に該当し、会社法において禁じられています（会 335 条 2 項）。しかしながら、従前に取締役であった者が監査役に就任すること自体は、何ら禁止されていません。事業年度が終了して（定時）株主総会で監査役に就任するまでの期間（すなわち、取締役として職務を執行していた期間）については、他の監査役が就任していたのですから、当該監査を引き継ぐ一方で、自らも立場を変えて監査役としての目で監査することで、自らの取締役としての職務執行に対する監査は十分可能と解されます（なお、巻末【資料 11】「監査役をめぐる裁判例」(p.122) 裁判例 1 参照）。

3　監査に関する規程の整備

　監査役に回覧されるべき重要書類、監査役が出席すべき会議、監査役に連絡がいくべき情報、監査役スタッフの体制、監査役会の運営等については、会社と監査役との間で監査に関する規程を整備し、かつ社内にも周知徹底することが望ましいと考えられます。この規程を適切に整備すること自体が、監査役の善管注意義務の対象となります。

Q12　監査規程の内容

　監査に関する規程にはどのようなことを盛り込めばよいですか。

　会社の規模や業種等により一概にはいえませんが、たとえば、次のような事項が考えられます。
　① 監査役間の決議および協議に関する事項、大会社においては監査役会の運営（招集権者および議長、招集手続など）に関する事項
　② 監査計画の策定に関する事項
　③ 会計監査人との連携に関する事項
　④ 監査役補助者に関する事項
　⑤ 監査費用その他監査事務に関する事項
　⑥ 具体的な監査方法に関する事項

これには次のようなことが考えられます。
- ㋐　出席すべき重要会議の範囲
- ㋑　回覧すべき重要書類の範囲
- ㋒　事業所等の実地調査の方法
- ㋓　子会社情報の調査の方法
- ㋔　無償の利益供与についての調査の方法

4　監査費用の請求

　監査役は、監査に必要な費用の前払いまたは立替費用の償還を会社に請求することができます。監査役から監査費用の前払いや償還を請求された場合は、会社は、それが監査役の職務の執行に必要でないことを証明しなければ、請求を拒むことができません（会388条）。これは、監査役の独立性を財務面からも確保するためのものです。

　監査費用とは、往査のための旅費や事務用の文具・機器の経費、専門家からの助言を受けるための費用等が該当します。取締役が監査費用の前払いや償還を理由なく拒否したときは、監査役は、そのことを取締役の法令・定款違反行為として取締役会に報告することになります（会382条）。

第6節　監査報告の作成

　公開会社である大会社（指名委員会等設置会社および監査等委員会設置会社を除きます）においては、監査役会は、監査報告記載事項等について監査役の報告を受け、協議のうえ、監査報告を作成しなければなりません（会390条2項1号）。会計監査人が会計監査に関する事項を監査し、これを報告しますので、監査役会の監査報告には、主として業務監査に関する事項が記載されます。会計監査人設置会社以外の会社では、会計監査と業務監査いずれをも含む記載が必要となります。

　なお、監査報告の記載内容は、会社法施行規則 129 条〜131 条および会社計算規則 121 条〜132 条に定められています（監査報告の内容および監査報告の作成日程などの詳細は、**第 4 章「第 2 節　監査報告」**(p.70)、**「第 3 節　監査報告の通知期限」**(p.77) および巻末**【資料 3】「監査日程」**(p.107) 参照）。

第３章
監査役（会）と取締役・取締役会

ＰＯＩＮＴ

❶ 取締役の職務執行についての取締役会の監督は、妥当性の判断にまで及ぶが、監査役の監査は、原則として適法性の監査に限られる。

❷ 監査役は、取締役会に出席し、必要があれば意見を述べる義務がある。監査役は、監査のため、いつでも、取締役に対して事業の報告を求めることができる。他方、取締役は、会社に著しい損害を及ぼすおそれのある事実を発見したときは、直ちにその事実を監査役（監査役会設置会社においては監査役会）に報告しなければならない。

❸ 監査役は、取締役に不正行為のおそれなどがあると認める場合は、その事実を取締役会に報告しなければならない。このため、監査役は、取締役会の招集を請求し、一定の期間内に招集されない場合は、自ら取締役会を招集することができる。

❹ 取締役に法令・定款に違反する行為（のおそれ）があり、それによって会社に著しい損害を生ずるおそれがある場合は、監査役は、取締役に対してその行為の差止めを請求することができる。

❺ 会社と取締役との間の訴訟においては、監査役が会社を代表して訴訟を行う。

第１節　監査役と取締役との関係

　監査役は、取締役の職務の執行に関して、適法性の監査を行います。この適法性監査には、取締役の職務の執行が法令・定款に違反するかどうかだけでなく、善管注意義務違反・忠実義務違反となるかどうかを監査することも含まれますので、監査役は、取締役の職務の執行が著しく妥当性を欠いていないかという観点でも監査することが求められます（なお、**第２章第２節「3　適法性監査と妥当性監査」**（p.32）参照）。この監査の実効性を担保するため、会社法には、監査役の権利、取締役の義務が定められています。

1　取締役に対する報告請求

　監査役は、いつでも、取締役に対して事業の報告を求めることができます（会381条2項）。ここでいう「事業」は広い概念で、会社の業務全般を指します。前述したように、監査役は取締役会に出席して、報告に接することができるわけですが、こうした受身の情報収集とは別に、監査のため必要があれば、取締役に対して口頭、書面等による報告を求めることを認めたものです。

　取締役は、監査役から監査に必要な報告を求められれば、それに応じなければならず、会社の秘密であること等を理由として報告を拒否することはできません。

　取締役が監査役の監査を妨げたり、非協力的なために監査役が必要な資料を得られず、その結果、監査をすることができない事態が生じたりしたときは、監査報告にその事実を記載することになります。また、取締役の重大な違反行為として指摘すべき場合が生じることもあります（会規129条1項3号・4号）。

2　取締役からの報告受領

　取締役は、株式会社に著しい損害を及ぼすおそれのある事実があることを発見したときは、直ちに監査役（監査役会設置会社においては監査役会）にこれを報告する義務があります（会357条1項・2項）。この場合、監査役からの要求がなくても、取締役の側から進んでその事実を報告しなければなりません。

　「著しい損害を及ぼすおそれのある事実」とは、たとえば、重要な取引先の資金事情が悪化して倒産のおそれがあること、会社の製品の瑕疵による重大な損害が発生するおそれがあることなどです。また、取締役が利益相反取引や競業取引をし、それによって会社が著しい損害を被るおそれがあることなどもこれに含まれます。なお、「著しい損害を及ぼすおそれのある事実」とは、必ずしも違法な行為によるものであることを要せず、また、取締役は、会社に著しい損害の生ずる危険性のある事実を発見したときは、直ちに報告することを要し、損害が生じた後に報告した場合では、この報告義務を尽くしたことになりません。

監査等委員会設置会社

 監査等委員会に対する取締役の報告義務

　監査等委員会設置会社において監査等委員会に対する報告義務はありますか。

　監査等委員会設置会社においては、取締役は会社に著しい損害を及ぼすおそれのある

事実を発見した場合に、監査等委員会に報告しなければならないとされています（会357条3項）。

指名委員会等設置会社

 監査委員に対する取締役の報告義務

指名委員会等設置会社において監査委員に対する報告義務はありますか。

指名委員会等設置会社においては、執行役は会社に著しい損害を及ぼすおそれのある事実を発見した場合に、監査委員に報告しなければならないとされていますが、取締役にはかかる報告義務はありません（会419条1項・3項）。

第 2 節　監査役と取締役会との関係

　監査役は、取締役会に出席する義務があり、また、必要があれば意見を述べなければなりません（会383条1項、会規124条4項）。取締役会は会社の業務執行の決定機関であり、また、代表取締役および業務執行取締役には取締役会への職務執行状況の報告義務が課せられていますから、監査役は、取締役会に出席することによって、監査に必要な情報を得ることができます（なお、上場会社の監査役においてはとくに考慮が求められます。**巻末【資料12】「コーポレートガバナンス・コード（抄）」**(p.136) **原則4-4**）。

　また、取締役の違法行為等がある場合には、監査役は、取締役会にその旨を報告しなければなりません（詳細は、**本章「第 4 節　取締役の違法行為への対応」**(p.56) 参照）。

1　取締役会の職務

(1)　業務執行の決定

　取締役会は、会社の業務執行の決定を行います（会362条2項1号）。ただし、すべての事項について取締役会が決定することは実務的に困難であり、業務執行機関に委任することにより効率的な業務執行を確保する必要があります。そこで、会社法では、取締役会において決定しなければならない事項を定めるとともに、それ以外の事項の決定は代表取締役や業務執行取締役に委任することができるものとされています（同条4項）。

　取締役会が決定しなければならない事項として、重要な財産の処分・譲受け、多額の借財など重要な業務執行（会362条4項）のほか、株主総会の招集（会298条1項・4項）、代表取締役の選定（会362条3項）、新株の発行（会199条2項、201条1項）、社債の発行（会362条4項5号）などがあります。なお、一定の要件を満たす会社は、あらかじめ選定した3人以上の特別取締役による決議が認められる場合があります（**第1章「第4節　監査役と他の会社機関」**（p.12）参照）。

　実務上、各社の具体的な取締役会決議事項や業務執行機関への委任事項は、定款、取締役会規則、その他の内規などで定められていることが一般的です。

(2)　取締役に対する監督

　取締役会は、取締役の職務執行の監督を行います（会362条2項2号）。監督の対象となるのは、主として取締役の職務執行ですが、たとえば個々の取締役の取締役会への参加状況なども含まれます。

　取締役会がこの監督権限の機能を十分果たすことができるようにするため、次のような制度があります。

① 　取締役会による代表取締役の解職（会362条2項3号）
② 　各取締役による取締役会の招集請求・招集（会366条）
③ 　取締役による取締役会への職務執行状況の報告（3カ月に1回以上。会363条2項）
④ 　取締役に違法行為のおそれなどがある場合の監査役による取締役会への報告（会382条）

(3)　代表取締役の選定および解職

　取締役会設置会社においては、会社の業務全般を執行し、かつ対外的に会社を代表する必要常設の機関として、代表取締役を置かなければなりません（会362条3項）。そこで、取締役会は、代表取締役の選定および解職を行います（同条2項3号）。

　代表取締役は、株主総会や取締役会で決議された事項を執行し、また、株主総会や取締役会の決議事項以外の業務について、その決定や執行をします（会363条1項）。

　なお、取締役会は、取締役会の決議により業務執行取締役を選定することにより、代表取締役以外の取締役にも、その決議にて定められた範囲で会社の業務執行を行わせることができます（会363条1項2号）。

2　取締役会の招集と運営

(1)　招集権者

　取締役会の招集権限は、法律上、すべての取締役に認められていますが、定款または取締役会において招集権者を定めたときは、その取締役が招集します（会366条1

項）。実務的には、定款や取締役会規則において招集権者（通常は取締役社長や取締役会長）とその順序を定めているのが一般的です。

しかし、特定の取締役を招集権者と定めている場合でも、各取締役・監査役は、取締役会の招集を請求することができます。さらに、招集権者がこの請求に応じないときは、自ら招集することができます（会366条2項・3項、383条2項・3項。**本章「第4節　取締役の違法行為への対応」**（p.56）参照）。

⑵　招集手続

原則として、招集権者は、各取締役および各監査役に対し、会日の1週間前（定款で期間短縮可能）までに招集通知を発しなければなりません（会368条1項）。招集通知は書面に限られず、口頭や電話、電子メールでも可能です。さらに、取締役および監査役の全員の同意がある場合には、招集通知を省略することができます（同条2項）。

⑶　取締役会への出席

取締役会には取締役本人および監査役本人の出席が必要であり、代理出席は認められません。なお、テレビ会議、オンライン会議、電話会議等の方法によりリモートで出席することは一定の要件のもとで可能とされています（会規101条3項1号）。

⑷　決議方法

取締役会の決議は、過半数の取締役が出席し、出席取締役の過半数の賛成により行われるのが原則ですが、定款でこの要件を加重することもできます（会369条1項）。さらに、一定の要件を満たすことにより、取締役会を開催せずに書面決議をすることも可能です（会370条）。

また、決議の公正を期するため、決議につき特別の利害関係を有する取締役は、その決議に参加することができません（会369条2項）。

なお、監査役は、取締役会に出席し、必要があれば意見を述べる義務がありますが（会383条1項）、決議に加わることはできません。

⑸　取締役会議事録

取締役会の議事については、書面または電磁的記録をもって議事録を作成し、10年間これを本店に備え置くことが必要です（会369条3項・4項、371条1項）。株主はその権利行使のため必要があるときに、また、会社債権者・親会社社員は取締役や監査役の責任追及のため必要があるときに、いずれも裁判所の許可を得て、議事録の閲覧や謄写を要求することができます（同条2項〜5項）。

取締役会に出席した取締役および監査役は、議事録に署名もしくは記名押印、または電子署名をしなければなりません（会369条3項・4項、会規225条、電子署名2条1項）。この際に議事録の内容を確認することが必要なことはいうまでもありませんが、

もし、監査役が述べた意見が議事録に正確に記載されていない場合には、その記載が自己の責任の有無の判断に影響することもありますので、議事録の訂正を求める必要があります。

　なお、書面決議をした場合も議事録を作成する必要があります（会371条1項）。

監査等委員会設置会社

Q5 **取締役会の職務・招集権者**

監査等委員会設置会社における取締役会の職務・招集権者とはどのようなものですか。

(1)　取締役会の職務

　監査等委員会設置会社の取締役会は、以下の職務を行うものとされています（会399条の13第1項）。

ア　次に掲げる事項その他監査等委員会設置会社の業務執行の決定
　①　経営の基本方針
　②　監査等委員会の職務の執行のために必要なものとして法務省令で定める事項
　③　取締役の職務の執行が法令および定款に適合することを確保するための体制その他株式会社の業務ならびに当該株式会社およびその子会社から成る企業集団の業務の適正を確保するために必要なものとして法務省令で定める体制（内部統制システム）の整備
イ　取締役の職務の執行の監督
ウ　代表取締役の選定および解職

　監査等委員会設置会社の取締役会は、上記のア①〜③に掲げる事項を決定しなければならないものとされています（会399条の13第2項）。

　また、重要な業務執行の決定は、原則として、個々の取締役に委任することができません（会399条の13第4項）。ただし、①取締役の過半数が社外取締役である場合（同条5項）、または、②取締役会決議によって重要な業務の執行の全部または一部の決定を取締役に委任することができる旨を定款で定めた場合（同条6項）、取締役会決議により、一定の事項を除き、重要な業務執行決定を取締役に委任することができます。

(2)　取締役会の招集権者

　監査等委員会設置会社においては、取締役会を招集する取締役が定められた場合であっても、監査等委員会が選定する監査等委員は、取締役会を招集することができます（会399条の14）。

指名委員会等設置会社

Q5 取締役会の職務・招集権者

指名委員会等設置会社における取締役会の職務・招集権者とはどのようなものですか。

(1) 取締役会の職務

指名委員会等設置会社の取締役会は、以下の職務を行うものとされています（会416条1項）。

ア　次に掲げる事項その他指名委員会等設置会社の業務執行の決定

① 経営の基本方針

② 監査委員会の職務の執行のため必要なものとして法務省令で定める事項

③ 執行役が2人以上ある場合における執行役の職務の分掌および指揮命令の関係その他の執行役相互の関係に関する事項

④ 会社法417条2項の規定による取締役会の招集の請求を受ける取締役

⑤ 執行役の職務の執行が法令および定款に適合することを確保するための体制その他株式会社の業務ならびに当該株式会社およびその子会社から成る企業集団の業務の適正を確保するために必要なものとして法務省令で定める体制（内部統制システム）の整備

イ　執行役等の職務の執行の監督

指名委員会等設置会社の取締役会は、上記のア①～⑤に掲げる事項を決定しなければならず、個々の取締役に委任することができません（会416条2項・3項）。また、取締役会決議により、業務執行の決定を執行役に委任することができますが、上記アの各事項のほか、一定の事項については委任することはできません（同項・4項）。

(2) 取締役会の招集権者

指名委員会等設置会社においても、取締役会の招集権者は原則として指名委員会等設置会社でない取締役設置会社と同様です。ただし、指名委員会等設置会社においては、各委員会が委員の中から選定する者および執行役も取締役会を招集することができます（会417条1項・2項）。

第3節　監査役の監査に必要な体制の整備等

監査役は、その職務を適切に遂行するため、監査の対象となる取締役等や子会社の取締役等との意思疎通を図り、情報の収集および監査の環境の整備に努めなければなりません（会規105条2項前段）。

取締役または取締役会は、監査の妨害をしてはならないことは当然のこととして、自己の職務執行の適法性を明らかにすることも善管注意義務の内容となると解される

ことから、監査役の職務の執行のための必要な体制の整備に留意しなければなりません（会規 105 条 2 項後段）。

　ただし、監査役は、その意思疎通および情報交換によって、公正不偏の態度および独立の立場を保持することができなくなるおそれのある関係を創設し、または、それを維持してはなりません（会規 105 条 3 項）。

　また、グループ会社内においては、各社の法人格の独立性を濫用した不適法な行為が行われるリスクがあり、そのグループを構成する各社の監査役は、それぞれの会社の監査役相互の意思疎通を図るのみならず、必要に応じ、その会社の親会社および子会社の監査役その他これらに相当する者との意思疎通および情報の交換を図るよう努めなければなりません（会規 105 条 4 項）。

第 4 節　取締役の違法行為への対応

1　監査役による取締役会への報告

　監査役は、①取締役が不正の行為をし、もしくはそのような行為をするおそれがあると認めるとき、または②法令・定款に違反する事実もしくは著しく不当な事実があると認めるときは、遅滞なく、その旨を取締役会に報告しなければなりません（会 382 条）。

　取締役会は、業務執行を決定するとともに代表取締役その他の取締役の職務執行を監督する権限を持っていますので、取締役会に取締役の違法行為等の是正措置を講ずる機会を与えるために、監査役に対してこの報告義務が課されています。

　監査役が報告義務を負うのは、取締役が定款所定の会社の目的の範囲外の行為その他法令・定款に違反する行為をし、またはこれらの行為をするおそれがあると認めた場合であり、その行為によって会社に著しい損害を生じるおそれのある場合に限らない点で、取締役に対する差止請求権を行使できる場合よりも範囲が広くなっています。その理由は、差止請求という、いわば対決的な立場をとる場合と違い、この報告が取締役会の自主的是正措置を促して、不正行為等をできるだけ早い段階で阻止することを狙いとしているからです。

　取締役がなすべき行為をしない（不作為の）場合、またはそのおそれがある場合も、この報告義務の対象となります。

　監査役が取締役の不正行為等を知りながら、それを取締役会に報告しないことは、監査役の任務懈怠となり、善管注意義務違反を問われ、会社に対する損害賠償責任を負います（会 423 条）。取締役の不正行為等が報告を要するものかどうかは、監査役

の判断するところですが、取締役の不正行為等を放置すれば会社に無視できない損害を生じる危険があるかどうかというのが一応の判断基準になると解されています。

　監査役から報告を受けた取締役会は、その監督権限を発動して適切な措置をとらなければなりません。取締役会が是正措置を怠ったために会社に損害が生じたときは、監査役の報告を無視した取締役全員が責任を負うことになります（なお、巻末【資料7】「会社法において取締役が負う義務・責任」（p.114）参照）。

2　監査役による取締役会の招集請求・招集

⑴　招集請求

　取締役に不正行為のおそれなどがあるときに、監査役が取締役会に対して報告義務を負うことは前述したとおりですが、その報告の場を確保するために、監査役に取締役会招集請求権が与えられています（会383条2項）。この場合の招集請求は、取締役会の招集権者に対して行います。

⑵　招　　集

　監査役から取締役会の招集請求があったにもかかわらず、5日以内に招集権者が請求日から2週間以内の日を会日とする招集通知を発しないときは、請求をした監査役は、自ら取締役会を招集することができます（会383条3項）。この場合の招集手続は、通常の場合における手続と同様です（**本章第2節「2　取締役会の招集と運営」**（p.52）参照）。監査役の招集請求に応じて招集された取締役会も、監査役が自ら招集した取締役会も、取締役会であることに変わりはなく、したがって、各取締役には出席義務があり、正当な理由なしに欠席することは任務懈怠となります。

　監査役が招集した取締役会が定足数不足等の原因で成立しなかった場合には、監査役は報告を行うことができませんが、その場合は、監査役に帰責事由があるわけではありませんから、報告義務を果たさなかったことの責任を監査役が問われることはありません。

3　監査役による取締役の不正行為等に対する差止請求

　取締役が会社の目的の範囲外の行為その他法令もしくは定款に違反する行為をし、または、これらの行為をするおそれがある場合において、その行為によって会社に著しい損害を生ずるおそれがあるときには、監査役は、取締役に対してその行為を止めるよう請求することができます（会385条）。これは、取締役の不正行為等が進行・完了してしまうのを防ぎ、会社に損害が発生するのを防止するという意味で、監査役の権限の中でもとくに重要なものです。

　取締役の不正行為等に対する差止請求は、株主にも認められていますが、株主の差

止請求は、取締役が法令・定款違反行為をし、またはこれらの行為をするおそれがある場合であり、その行為によって会社に「回復することができない損害」を生ずるおそれがあるときに認められるものです（監査役設置会社、監査等委員会設置会社または指名委員会等設置会社の場合。会 360 条 3 項）。

　これに対し、監査役の差止請求は、善管注意義務を負っている会社の機関によるものであることから、損害の回復が可能であると否とを問わず、会社に「著しい損害」を生ずるおそれがある場合であれば行使が可能です。

　監査役が差止請求をしても取締役がこれに応じて行為を止めないときは、差止請求訴訟を提起することになります。また、取締役の不正行為等を緊急に差し止める必要がある場合は、監査役は、裁判所に対して、取締役の不正行為等の差止めを命じる仮処分の申立てを行うことができます。

監査等委員会設置会社

 監査等委員による取締役の違法行為への対応

　監査等委員会設置会社における監査等委員による取締役の違法行為への対応はどのようになりますか。

　監査等委員会設置会社の場合、監査等委員に取締役会に対する報告義務（会 399 条の 4）や取締役の不正行為等に対する差止請求権があります（会 399 条の 6 第 1 項）。また、監査等委員に株主総会への報告義務があります（会 399 条の 5）。これは、監査（会）設置会社における監査役の株主総会への報告義務（会 384 条）に倣った規定です。この報告義務は、監査等委員会の義務ではなく、各監査等委員の義務とされています（なお、**監査等委員会設置会社 Q3**（p.33）参照）。

指名委員会等設置会社

 監査委員による取締役等の違法行為への対応

　指名委員会等設置会社における監査委員による取締役の違法行為への対応はどのようになりますか。

　指名委員会等設置会社の場合も、監査役や監査等委員同様、監査委員に取締役会に対する報告義務（会 406 条）や取締役または執行役の不正行為等に対する差止請求権があります（会 407 条）。一方、監査役（会）設置会社における会社法 384 条や監査等委員会設置会社における会社法 399 条の 5 のような、株主総会への報告義務の定めはありません（なお、**指名委員会等設置会社 Q3**（p.35）参照）。

第5節　会社と取締役との訴訟における監査役の役割

1　会社と取締役との訴訟における会社代表

　監査役設置会社においては、会社が取締役に対し訴えを提起する場合（株主からの請求により、会社が取締役に対して訴えを提起する場合を含みます）または取締役が監査役設置会社に対し訴えを提起する場合等には、監査役が会社を代表してその訴訟を行います（会386条1項）。

　これは、会社と取締役との間の訴訟では、他の取締役が会社を代表すれば馴れ合いの危険があり、取締役から独立している監査役が会社を代表したほうが、より公正に訴訟を行うことができると考えられるからです。

　このような会社と取締役との間の訴訟には、取締役が取締役の資格で相手方となる場合（取締役の違法行為に対する損害賠償請求の訴え、取締役による株主総会決議取消しの訴えなど）のみならず、個人の資格で相手方となる場合（取締役に対する貸金返還請求の訴え、取締役による取締役報酬請求の訴えなど）も含まれます。

　また、株主が会社に対し取締役の責任を追及する訴えの提起を請求する場合も、その請求は監査役に対してなされることになります（会386条2項）。

　監査役の会社代表は、訴えの提起から訴訟の終了まで及びますので、会社が取締役に対して訴えを提起する場合には、訴えの提起の決定も監査役が行うものと解されています。また、訴えを提起すべきであるのにしない場合は、監査役の任務懈怠ということになります。なお、監査役が2人以上いるときは、各監査役がそれぞれ会社を代表する権限を有すると解されています。監査役会設置会社であっても、監査役会が機関として訴訟の当事者になることはありません。

2　株主代表訴訟における会社の補助参加に関する同意

　株主代表訴訟において、会社が訴訟の結果について利害関係を有する場合、被告となった取締役を補助するために、会社は訴訟に参加（補助参加）することができます。ただし、会社が参加する旨の申出をする場合には、会社として判断の適正を期するため、監査役全員の同意が必要となります（会849条3項1号）。

3　不提訴理由通知書

　株主が会社に対し取締役の責任を追及する訴えの提起を請求した場合で、監査役が請求の日から60日以内に訴えを提起しなかった場合、当該株主から請求を受けたと

きは、監査役は遅滞なく「訴えを提起しない理由」を書面または電磁的方法により通知しなければなりません（「不提訴理由書」。会847条4項）。この不提訴理由書は、監査役が2人以上いるときは各監査役がそれぞれ会社を代表する権限を有すると解されていることから、各監査役がそれぞれ別個の理由を通知してもかまいません。

　不提訴理由の通知制度は、取締役の職務執行を監視する立場にある監査役の監査責任と説明責任を法律的に高めたものといえ、会社法の大きなポイントの1つです。不提訴理由書には、調査の内容（責任の有無の判断の基礎とした資料を含みます）、取締役の責任または義務の有無についての判断およびその理由、ならびに取締役に責任または義務があると判断した場合において、責任追及等の訴えを提起しないときはその理由を記さなければなりません（会規218条）。不提訴理由書は、請求をした株主にとって、また請求を受けた会社（監査役）にとっても、株主代表訴訟が提起された場合の重要な訴訟資料となることから、その内容については、外部専門家の意見も考慮したうえで、慎重に判断することが望ましいといえます。

4　取締役の責任追及訴訟における和解

　取締役の責任を追及する訴えに係る訴訟（会社が原告となる場合に加え、株主代表訴訟において会社が補助参加する場合も含みます）に関して、会社が和解をする場合には、監査役全員の同意が必要となります（会849条の2第1号）。

監査等委員会設置会社

 会社代表

監査等委員会設置会社において会社代表は誰が務めるのですか。

　監査等委員会設置会社において、会社と取締役との訴訟における会社代表を務めるのは、監査等委員会が選定する監査等委員になります（会399条の7第1項2号）。監査等委員である取締役が訴訟の相手方である場合は、取締役会または株主総会が定める者が会社代表となりますが（同項1号）、この会社代表は、当該訴訟当事者以外の監査等委員とすることも妨げられません。

　株主代表訴訟において会社が補助参加する際は、監査等委員会における多数決による決定ではなく、各監査等委員の同意が必要になります（会849条3項2号）。

　株主が会社に対し、取締役の責任を追及する訴えの提起を請求する場合は、当該監査等委員が当該訴えに係る訴訟の相手方になる場合を除き、各監査等委員が会社を代表します（会399条の7第5項、会849条3項2号）。

　監査等委員以外の取締役の責任を追及する訴えに係る訴訟（会社が原告となる場合に

加え、株主代表訴訟において会社が補助参加する場合も含みます）に関して、会社が和解をする場合には、監査等委員全員の同意が必要となります（会849条の2第2号）。

指名委員会等設置会社

 会社代表

指名委員会等設置会社において会社代表はだれが務めるのですか。

　指名委員会等設置会社において、会社と執行役または取締役との訴訟における会社代表を務めるのは、原則として監査委員会が選定する監査委員になります（会408条1項2号）。監査委員である取締役が訴訟の相手方である場合は、取締役会または株主総会が定める者が会社代表となりますが（同項1号）、この会社代表は、当該訴訟当事者以外の監査委員とすることも妨げられません。

　株主代表訴訟において会社が補助参加する際は、監査委員会における多数決による決定ではなく、各監査委員の同意が必要になります（会849条3項3号）。

　株主が会社に対し、執行役または取締役の責任を追及する訴えの提起を請求する場合は、当該監査委員が当該訴えに係る訴訟の相手方となる場合を除き、各監査委員が会社を代表します（会408条5項、849条3項3号）。

　監査委員以外の取締役の責任を追及する訴えに係る訴訟（会社が原告となる場合に加え、株主代表訴訟において会社が補助参加する場合も含みます）に関して、会社が和解をする場合には、監査委員全員の同意が必要となります（会849条の2第3号）。

第4章

監査役と株主総会

┌─ **POINT** ─────────────────────────────┐

❶　株主総会は、株主を構成員とする機関で、会社の組織などの重要事項について、法令および定款の定めに従い、会社の意思を決定する。また、株主総会では、事業報告等の報告がなされる。

❷　株主に監査の結果を十分知らせるための監査報告の内容は、会計監査人設置会社の場合は主として業務監査に関する事項であり、会計監査人を設置しない会社の場合は、原則として業務監査と会計監査の両方である。

❸　監査役には、やむをえない事由がある場合を除いて、株主総会への出席および一定の事項の報告が義務づけられているほか、株主からの質問に対しては、一定の場合を除いて説明義務がある。

└──────────────────────────────┘

第1節　株主総会

　株主総会は、株主を構成員とする会社の必要的機関で、取締役および監査役の選任・解任の権限を有し、会社の定款変更、合併その他会社の組織などに関する重要事項について、法令および定款に従い会社の意思を決定します。

1　開催時期

　株主総会は、定時株主総会と臨時株主総会に分けられ、定時株主総会は、毎事業年度の終了後一定の時期にこれを招集しなければなりません（会296条1項）。なお、臨時株主総会は、必要がある場合に随時これを招集することができます（同条2項）。

　多くの会社では、定款で「当会社の定時株主総会は毎決算期の翌日から3カ月以内にこれを招集する」等の規定を置いています。これは、株主総会で議決権行使できる株主を特定する基準日制度により（会124条1項）、この基準日と総会会日との間の期間が3カ月を超えることができないためです（同条2項）。

2　招集地

　株主総会の招集地は、会社法上とくに定めがなく、定款に別段の定めがない限り、会社が自由に決定することができます。ただし、株主の株主総会への出席を著しく困難にさせる場合は、決議取消しの訴えの対象になる可能性があります（会831条1項1号）。たとえば、東京に本店を持ち、ほとんどの株主も東京に在住している会社が、海外で株主総会を開催した場合などが考えられます。

3　招集の決定

　株主総会を招集する場合には、取締役会決議により、次の事項を決定し、取締役が当該決定に基づいて招集することが原則となります（会298条1項・4項、会規63条）。

①　株主総会の日時、場所および目的事項（株主総会の開催場所に関連し、バーチャル株主総会については **Q19**（p.70）参照）

②　株主総会に出席しない株主が書面または電磁的方法により議決権行使できる場合はその旨

③　公開会社において、いわゆる「集中日」を定時株主総会開催日とすることに特別の理由がある場合はその理由

④　株主総会の開催場所が過去に開催したいずれの場所とも著しく離れた場所である場合はその理由（ただし、当該場所が定款で定められている場合、および株主総会に出席しない株主全員の同意がある場合を除きます）

⑤　書面または電磁的方法による議決権行使を採用した場合の取扱い（書面投票制度および電子投票制度については **Q15**（p.67）参照）

⑥　その他法務省令で定める事項

　この取締役会決議による招集の例外として、少数株主による株主総会招集の制度が認められています（会297条1項）。すなわち、6カ月前から引き続き総株主（株主総会の目的事項につき議決権を行使できる株主のみ）の議決権の100分の3以上を有する株主は、株主総会の目的事項および招集の理由を記載した書面を会社に提出して、株主総会の招集を請求することができます。この請求の後遅滞なく招集手続が行われないときや、請求のあった日から8週間以内の日を会日とする株主総会の招集通知が発せられないときは、当該株主は、裁判所の許可を得て、自ら株主総会を招集することができます（同条4項）。

4　招集通知

　株主総会の招集通知には、取締役会で決定した日時、場所および目的事項等、会社法 298 条 1 項各号に掲げる事項を記載または記録し、会日の 2 週間前までに、議決権のある各株主に対して発しなければなりません（会 299 条 1 項・4 項）。なお、監査役を辞任した者は、辞任後最初に招集される株主総会に出席して、辞任した旨およびその理由を述べることができますので（会 345 条 2 項・4 項）、当該辞任監査役に対しても招集通知を発することが必要です。

　招集通知は、原則として書面により行いますが（会 299 条 2 項）、株主の書面または電磁的方法による承諾を得た場合には、電磁的方法によることができます（同条 3 項、施行令 2 条）。なお、令和元年改正会社法により、定款で電子提供措置をとる旨の定めを置いた場合（会 325 条の 2）には、株主総会の日時および場所等、会社法 298 条 1 項 1 号〜4 号に掲げる事項に加えて、電子提供措置を採用している旨、また電子提供措置事項に係る情報を掲載するウェブサイトのアドレス等を招集通知に記載等しなければならないこととされています（会 325 条の 4 第 2 項、会規 95 条の 3。電子提供制度の利用の義務化については、**Q18**（p.69）参照）。

　招集通知とともに株主に交付または提供すべき書面は、次のとおりです。なお、③〜⑥については定時株主総会時のみ必要となります（会 437 条）。

　また、電磁的方法により招集通知を発することについて承諾した株主に対しては、①および②についても電磁的方法により提供することができます（会 301 条 2 項）。ただし、株主から請求があった場合には書類で交付しなければなりません（同項ただし書）。なお、定款に電子提供措置をとる旨の定めを置いた会社の株主に対しては、①〜⑥（電子提供措置事項）を電磁的方法により提供する必要があります（会 325 条の 3）。

　①　株主総会参考書類
　②　議決権行使書面
　③　単体の計算書類および連結計算書類
　④　事業報告
　⑤　監査役会の監査報告
　⑥　会計監査人の監査報告

5　決議事項

　取締役会設置会社については、株主総会で決議しうる事項は、会社法および定款で定められた事項に限定されています（会 295 条 2 項）。

　また、会社法で定められた株主総会の決議事項を、取締役会等の株主総会以外の機関の決議事項とする定款の規定は無効となります（会295条3項）。

　株主総会の決議事項とされている主要な事項は、決議方法に従って列挙すると、次のようになります。

⑴　普通（通常）決議事項

　議決権を行使できる株主の議決権の過半数にあたる株式を有する株主が出席し（定足数）、その議決権の過半数をもって決議されます。なお、定足数については、定款によって排除することができ（会309条1項）、実際にも、ほとんどの会社が定款で排除しています。ただし、取締役や監査役を選任または解任する決議の定足数は、定款によっても、これを総株主の議決権の3分の1未満に引き下げることはできません（会341条）。

　主な普通決議事項は、次のとおりです。

①　剰余金の配当（会454条1項）

　なお、監査役会と会計監査人を設置し、取締役の任期を1年としている会社は、定款によって剰余金の配当等を取締役会の決議事項とすることができます（会459条1項4号）。ただし、この定款規定は、会社の最終事業年度に係る計算書類について、会計に係る監査報告にいわゆる無限定適正意見が付されており、かつ監査役会の監査報告の内容として会計監査人の監査の方法または結果が相当でないと認める意見がないこと等の要件が満たされている場合に限り、効力を有することとなります（同条2項）。

②　取締役の選任および解任（会329条1項、339条1項）

③　監査役の選任（監査役の解任は特別決議となります。会329条1項、339条1項）

④　会計監査人の選任および解任（会329条1項、339条1項）

⑤　取締役・監査役の報酬等の決定（退職慰労金の決定を含みます。会361条、387条）

⑥　補償契約および役員等賠償責任保険契約の内容の決定（会430条の2第1項、430条の3第1項）

⑵　特別決議事項

　議決権を行使できる株主の議決権の過半数（定款で「3分の1以上」にまで引き下げることができます）の株式を有する株主が出席し（定足数）、その議決権の3分の2（定款でこれを上回る割合を定めることができます）以上をもって決議されます（会309条2項各号）。

　主な特別決議事項は、次のとおりです。

①　定款の変更

② 事業の全部または重要な一部の譲渡、他の会社の事業全部の譲受け

③ 監査役の解任（取締役の解任は普通決議となります）

④ 役員等の損害賠償責任等の一部免除

⑤ 新株・新株予約権の有利発行

⑥ 株式併合

⑦ 資本金額の減少（ただし、欠損填補に必要な限度で行われる場合を除きます）

⑧ 合併契約・吸収分割契約・新設分割計画・株式交換契約・株式移転計画・株式交付計画の承認

⑨ 解散

⑶ 特殊の決議事項

特別決議事項よりもさらに厳格な要件が定められている決議事項です（会309条3項）。たとえば、株式の譲渡制限を定める定款変更決議は、議決権を行使することができる株主の半数以上で、かつその株主の議決権の3分の2以上にあたる多数の議決を必要とします（定款で「半数」「3分の2」の要件をそれぞれ加重することができます。同項1号）。

6 報告事項

定時株主総会での主な報告事項は、次のとおりです。

① 事業報告（会438条3項）

② 会計監査人設置会社における計算書類（会439条、計規135条。一定の要件に基づく特則）

③ 会計監査人設置会社における連結計算書類および連結計算書類の監査の結果（会444条7項）

Q13　議決権を有しない株式

議決権を有しない株式にはどのようなものがありますか。

株主総会において、各株主は、1株（または1単元）について1個の議決権を有するのが原則ですが（会308条1項）、たとえば、次のような株式を有する株主は、その株式については議決権を有せず、または行使できません。

① 単元未満株式（会189条1項）

② 会社が有する自己株式（会308条2項）

③ 相互保有株式（会308条1項、会規67条）

A社がB社（会社（外国会社を含みます）、組合（外国における組合に相当するものを含みます）、その他これらに準ずる事業体）の議決権の25％以上を有している場合におけるB社が有するA社の株式をいい、子会社の有する親会社株式はこれに含まれます。

④　議決権制限株式（会108条1項3号）

Q14　書面による株主総会決議と報告

書面による株主総会決議と報告はどのように行われますか。

(1)　書面による決議

取締役または株主が株主総会の目的である事項について提案した場合において、議決権を行使できる株主全員が書面または電磁的記録により同意したときは、この提案を可決する旨の株主総会の決議があったものとみなされます（会319条1項）。また、この方法を用いて、定時株主総会の目的である事項のすべてについて同意が得られた場合には、その時に当該定時株主総会が終結したものとみなされ（同条5項）、定時株主総会の開催を省略することができます。

(2)　書面による報告

取締役が株主の全員に対して通知し、当該事項を株主総会に報告することを要しないことについて株主の全員が書面または電磁的方法により同意したときは、当該事項の株主総会への報告があったものとみなされます（会320条）。

なお、いずれも株主全員の同意が要件となっていることから、株主数が多い公開会社が行うことはきわめて限定的であると思われます。主に100％子会社や株主数が少ない合弁会社等の閉鎖会社において使用される制度です。

Q15　書面投票制度と電子投票制度

書面投票制度と電子投票制度とはどのようなものですか。

書面投票制度とは、株主総会に出席しない株主が議決権行使書面を会社に提出することにより議決権を行使する制度であり、株主が1,000人以上の会社に義務づけられています（会298条1項3号・2項）。

これに対して、いわゆる電子投票制度は、株主総会に出席しない株主が電磁的方法によって議決権を行使することができる制度です（会298条1項4号）。電子投票を行う

　株主は、あらかじめその用いる電磁的方法の種類および内容を会社に示し、その承諾を得る必要がありますが（会312条1項、施行令1条）、会社が株主総会の招集通知を電磁的方法で提供することを提案した場合においてこれに承諾した株主が、電子投票を申し出た場合には、会社は、正当な理由なく、この承諾を拒否することができません（会299条3項、312条2項）。

　書面投票制度または電子投票制度を採用する場合には、取締役会決議を行い、当該制度を採用する旨を株主総会の招集通知に記載または記録する必要があります。

　書面投票または電子投票による行使期限は、原則として当該株主総会の日時の直前の営業時間の終了時となりますが（会311条1項、312条1項、会規69条、70条）、取締役会決議により、特定の時とすることができます（会298条1項5号、会規63条3号）。また、取締役会決議により、書面投票または電子投票により重複して矛盾する議決権行使がなされた場合の取扱い（どちらを有効なものとして扱うか）についても定めることができます。

Q16　議決権行使書の集計・閲覧・謄写

　株主から投票された議決権行使書はどのように扱われますか。

　多くの会社が信託銀行に証券代行業務を委託し、その中で議決権行使書の集計が行われています。

　書面投票により提出された議決権行使書面は、株主総会の日から3カ月間、会社の本店に備え置かれ株主の閲覧・謄写請求に供されることとなります（会311条3項・4項）。令和元年改正により、株主は、議決権行使書面の閲覧等の請求をする場合においては、当該請求の理由を明らかにしてしなければならないこととされ、また、株主名簿の閲覧等の請求の拒絶事由（会125条3項）と同様の事由に該当する場合には、会社は議決権行使書面の閲覧等の請求を拒むことができることとされました（会311条4項・5項）。

Q17　インターネット開示

　インターネット開示措置とはどのようなものですか。

　会社が定款の規定に従い、株主総会参考書類、事業報告および計算書類に記載すべき事項のうちの一定の事項（ただし、株主総会参考書類および事業報告については、監査

　役が異議を述べた事項を除く）ならびに連結計算書類に記載すべき事項について、招集通知発出日から定時株主総会の日以降 3 カ月までの間、電磁的方法により株主が提供を受けることができる措置（インターネット開示措置といわれます）をとった場合には、当該事項を記載した書類を株主に提供したものとみなされます（会規 94 条 1 項、133 条 3 項、計規 133 条 4 項、134 条 4 項）。定款規定を置き、この措置をとることにより、当該事項については、書面による物理的な提供が不要となり、株主総会事務の負担を軽減することができます。また、株主総会参考書類、事業報告および計算書類に関し、インターネット開示の対象とできる事項以外の事項も、電磁的方法により株主が提供を受けることができる状態に置く措置をとることを妨げるものではない旨の確認規定も設けられていることから（会規 94 条 3 項、133 条 7 項、計規 133 条 8 項）、インターネット開示の対象とできる事項とそれ以外の事項とを合わせてウェブサイトに掲載することも可能です。

Q18　電子提供制度

電子提供制度とはどのようなものですか。

　会社は従前より株主の個別の同意を得ることにより株主総会資料を株主に対して電磁的方法を用いて提供することが可能でしたが（会 301 条 2 項）、令和元年改正会社法により、定款の定めに基づき、株主総会資料を自社のホームページ等のウェブサイトに掲載し、株主に対し当該ウェブサイトのアドレス等を書面に記載して通知した場合には、株主の個別の同意を得ることなく、株主に対し株主総会資料を適法に提供したものとする制度が新たに設けられました（電子提供制度。会 325 条の 2）。振替株式を発行する上場会社は、定款に「電子提供措置を採用する」旨を定めることが義務づけられ（社債、株式等の振替に関する法律 159 条の 2 第 1 項）、改正法の施行日にかかる定めを置く旨の定款変更の決議をしたものとみなされますが（整備法附則 10 条 2 項）、経過措置により、当該会社の取締役が当該日から 6 カ月以内の日を株主総会の日とする株主総会を招集する場合における当該株主総会の招集の手続は、なお従前の例によることとされています（同附則 10 条 3 項）。電子提供制度採用会社においては、株主総会の日の 3 週間前の日または招集通知を発した日かのいずれか早い日から株主総会の日後 3 カ月を経過する日までの間、継続して電子提供措置を実施しなければなりません（会 325 条の 3 第 1 項）。また、株主は、電子提供制度採用会社に対して請求を行うことにより、招集通知の発送に際して電子提供措置事項を記載した書面の交付を求めることができます（書面交付請求制度。会 325 条の 5 第 1 項）。

Q19　バーチャル株主総会

バーチャル株主総会とはどのようなものですか。

　株主が遠隔地から株主総会に参加する方法として、近年の IT 技術を活用したオンラインによる株主総会（バーチャル株主総会）を採用する会社も増えています。バーチャル株主総会には複数のパターンがあり、現実の会場において、株主総会を開催する一方で、実際にその会場に出席しない株主についても、インターネット等の手段を用いて参加または出席することを許容する形態（ハイブリッド型バーチャル株主総会）と、現実の会場で株主総会を開催せず、取締役や監査役等と株主がすべてインターネット等の手段を用いて出席する形態（バーチャルオンリー型株主総会）があります。このうち、バーチャルオンリー型株主総会については、現行の会社法上は、株主総会の招集に際しては株主総会の場所を定めなければならないとされていますが（会 298 条 1 項 1 号・4 項）、令和 3 年改正産業競争力強化法により、一定の要件のもと、場所を定めない株主総会（バーチャルオンリー型株主総会）が可能となりました。

　なお、バーチャル株主総会ではないものの、全役員がオンラインで株主総会に出席するケースも実際に行われています。この方法では情報伝達の即時性・双方向性が必要であるものの、会社法施行規則 72 条 3 項 1 号は、役員が株主総会の開催場所に存しない形で出席することがありうることを前提とした規定となっており、役員が株主総会にオンラインで出席することは適法であると解されています。

第 2 節　監査報告

1　会計監査人設置会社の監査報告

　会計監査人設置会社においては、会計監査人が会計監査に関する事項を監査し、これを報告しますので、監査役および監査役会の監査報告の内容は、主に業務監査に関する事項となります。

　監査役会を設置していない会社においては、各監査役が監査報告を作成し、特定監査役（特定取締役等に対して監査報告の内容を通知し、会計監査人から通知を受けるために選定される監査役。Q20（p.79）参照）がその内容を特定取締役等に通知します（会規 129 条 1 項、132 条 1 項、計規 127 条、132 条 1 項）。一方、監査役会設置会社においては、まず監査役が監査報告を作成し、これに基づき監査役会が監査報告を作成することとされています（会規 130 条 1 項、計規 128 条 1 項）。なお、監査役会設置会社の場合、特定取締役等に対して通知されるのは、監査役会の監査報告の内容のみです

（会規 132 条 1 項、計規 132 条 1 項）。

　事業報告と計算関係書類とでは監査手続が異なっていることから、法務省令ではそれぞれの監査報告の内容について別々に規定されています。

⑴　事業報告およびその附属明細書に関する監査役の監査報告の内容

　監査役は、事業報告および附属明細書を受領したときは、次の事項を内容とする監査報告を作成しなければなりません（会規 129 条 1 項）。

① 　監査役の監査（計算関係書類にかかるものを除きます）の方法およびその内容

② 　事業報告およびその附属明細書が法令または定款に従い、会社の状況を正しく示しているかどうかについての意見

③ 　取締役の職務の遂行に関し、不正の行為または法令もしくは定款に違反する重大な事実があったときは、その事実

④ 　監査のため必要な調査ができなかったときは、その旨およびその理由

⑤ 　内部統制システムの整備についての決定または決議事項（監査の範囲に属さないものを除きます）の内容が相当でないと認めるときは、その旨およびその理由

⑥ 　会社の支配に関する基本方針に関する事項もしくは親会社等との間の取引で、会社計算規則 112 条 1 項所定の関連当事者注記を要する取引（同項ただし書の規定により同項 4 号から 6 号までおよび 8 号に掲げる事項を省略するものを除きます）に関する事項が事業報告の内容となっているとき、または、親会社等との間の取引で、同項所定の関連当事者注記を要する取引（同項ただし書の規定により同項 4 号から 6 号までおよび 8 号に掲げる事項を省略するものに限ります）に関する事項が事業報告の附属明細書の内容になっているときは、当該事項についての意見

⑦ 　監査報告を作成した日（監査役会設置会社の場合は除かれます）

　なお、監査の方法およびその内容は、具体的には、監査役が行った監査のための調査内容、分担、スケジュール等がこれにあたると考えられます。子会社に対する調査については、監査の方法およびその内容の中で明らかにするものと考えられます。

　また、会社法および法務省令は、監査報告の具体的な作成方法については規制を設けていません。したがって、監査役ごとに監査報告を作成することも可能ですし、形式上は 1 通の監査報告という形でとりまとめて書面を作成することも差し支えないものとされています（相澤哲＝和久友子「計算書類の監査・提供・公告、計算の計数に関する事項」商事法務 1766 号（2006 年）61 頁）。さらに、記載事項として署名は求められていませんが（会規 129 条、130 条、計規 127 条、128 条）、実務上は、原本の真正を確保するなどの観点から、署名または記名押印などの措置をとることも考えられます。

⑵　事業報告およびその附属明細書に関する監査役会の監査報告の内容

　監査役会が作成しなければならない監査報告は、次の事項を内容とするものでなけ

ればなりません（会規 130 条 2 項）。

①　監査役および監査役会の監査の方法およびその内容

②　上記(**1**)②〜⑥に掲げる事項

③　監査報告を作成した日

　なお、監査役会の監査報告の作成にあたっては、監査役会は、1 回以上、会議を開催する方法または情報の送受信により同時に意見の交換をすることができる方法により、監査報告の内容を審議しなければならないものとされています（会規 130 条 3 項）。これは、監査報告の最終的な決定までに最低 1 回は（現実に集まるかオンライン会議等によるかは別として）持ち回り等によらずに意見交換して審議する場を設けなければならないという趣旨です。

⑶　計算関係書類に関する監査役の監査報告の内容

　監査役は、計算関係書類および会計監査人の監査報告を受領したときは、次の事項を内容とする監査報告を作成しなければなりません（計規 127 条）。

①　監査役の監査の方法およびその内容

②　会計監査人の監査の方法または結果を相当でないと認めたときは、その旨およびその理由（期限までに会計監査人の監査報告を受領していない場合は、会計監査人の監査報告を受領していない旨）

③　重要な後発事象（会計監査人の監査報告の内容に含まれるものを除きます）

④　会計監査人の職務の遂行が適正に実施されることを確保するための体制に関する事項

⑤　監査のため必要な調査ができなかったときは、その旨およびその理由

⑥　監査報告を作成した日（監査役会設置会社の場合は除かれます）

⑷　計算関係書類に関する監査役会の監査報告の内容

　監査役会が作成しなければならない監査報告は、次の事項を内容とするものでなければなりません（計規 128 条 2 項）。

①　監査役および監査役会の監査の方法およびその内容

②　上記(**3**)②〜⑤に掲げる事項

③　監査報告を作成した日

　なお、監査役会の監査報告について、作成にあたって 1 回以上会議を開催する方法等により内容の審議を行わなければならない点は、事業報告およびその附属明細書に関する監査報告の場合と同様です（計規 128 条 3 項）。

⑸　各監査役の監査報告の内容の付記

　各監査役は、監査役会の監査報告の内容と自己の監査報告の内容とが異なる場合、その内容を監査役会の監査報告に付記することができます（会規 130 条 2 項、計規 128

条 2 項）。付記される内容によっては、後の手続に大きな影響を与えるため、監査役にこのような内容の付記に関する権利が認められている意義は大きいといえます。

　すなわち、計算書類に関して付記された内容が、会計監査人の監査の方法または結果を相当でないとするものであるときは、計算書類について定時株主総会の承認の省略に関する特則が適用されません（会 439 条、計規 135 条 3 号）。

⑹　後発事象と取締役の職務の執行に関する記載事項

ア　後発事象

　監査役および監査役会が監査報告に記載すべき重要な後発事象とは、事業年度の末日後、監査報告の作成日までに生じた会社（連結の場合は、連結子会社、持分法適用会社および関連会社を含みます）の翌事業年度以降の財産または損益に重要な影響を及ぼす事象（計規 114 条）であって、会計監査人の監査報告の内容に含まれないものをいいます。

　なお、監査報告作成後の後発事象については、その重要性のいかんにより、取締役および監査役がそれぞれの立場で判断し、必要と認められれば株主総会に報告することとなります。

　重要な後発事象の具体例としては、火災・出水等による重大な損害の発生、多額の増資、社債の発行・償還、合併契約の締結、重要な事業の譲渡・譲受けに関する契約の締結、重要な係争事件の発生・解決、主要な取引先の倒産、重大な労働争議の発生などが考えられます。

イ　取締役の職務の遂行に関する記載事項

　監査役および監査役会が監査報告に上記⑴③の事項を記載するにあたっての留意点としては、たとえば、次の事項が考えられます。

① 競業取引、利益相反取引については、取締役会の承認の有無、承認決議の適法性、承認の範囲内で取引を行っているか、また、取引により会社に損害が発生しているかなど

② 無償の利益供与（総会屋に対する金品等の供与）については、無償供与の有無と、それが利益供与罪や取締役の善管注意義務違反に該当するかなど

③ 子会社または株主との通例的でない取引については、その有無と、それらが取締役の善管注意義務違反に該当するかなど

④ 自己株式の買受けにあたって、株主間の公平が害されていないか、会社債権者の保護のため買受けの財源が分配可能額の範囲内であり、事業年度の末日に資本の欠損が生じないかなど

2　会計監査人設置会社でない会社の監査報告

　事業報告およびその附属明細書に関する監査報告の内容は、会計監査人設置会社の場合と同様ですが、計算関係書類に関する監査報告の内容が異なるところです。なお、定款で監査役の監査の範囲を会計に関するものに限定した監査報告には、事業報告に関する監査は含まれないことを明らかにすることが、その内容とされます（会規129条2項）。

(1)　計算関係書類に関する監査役の監査報告の内容

　監査役は、計算関係書類を受領したときは、次の事項を内容とする監査報告を作成しなければなりません（計規122条1項）。

① 　監査役の監査の方法およびその内容

② 　計算関係書類が会社の財産および損益の状況をすべての重要な点において適正に表示しているかどうかについての意見

③ 　監査のため必要な調査ができなかったときは、その旨およびその理由

④ 　追記情報

⑤ 　監査報告を作成した日（監査役会設置会社の場合は除かれます）

　追記情報とは、正当な理由による会計方針の変更、重要な偶発事象、重要な後発事象その他の事項のうち、監査役の判断に関して説明を付す必要がある事項または計算関係書類の内容のうち強調する必要がある事項とされています（計規122条2項）。

　なお、定款で監査役の監査の範囲を会計に関するものに限定した会社の監査役の調査の範囲は、次に掲げる事項に限定されます（会389条3項、会規108条）。

　　㋐ 　計算関係書類

　　㋑ 　次に掲げる議案が株主総会に提出される場合における当該議案

　a 　自己の株式の取得に関する議案（当該取得に際して交付する金銭等の合計額に係る部分に限ります）

　b 　剰余金の配当に関する議案（剰余金の配当に際して交付する金銭等の合計額に係る部分に限ります）

　c 　資本金の額の減少または増加に関する議案

　d 　準備金の額の減少または増加に関する議案

　e 　剰余金の処分に関する議案

　　㋒ 　次に掲げる事項を含む議案が株主総会に提出される場合における当該事項

　a 　募集株式の発行等

　株式を発行する場合における増加する資本金および資本準備金に関する事項（会199条1項5号）

　　b　新株予約権の発行

　新株予約権の行使により株式を発行する場合における増加する資本金および資本準備金に関する事項（会 236 条 1 項 5 号）

　　c　吸収合併および新設合併

　存続会社（新設会社）が消滅会社の株主または社員に対して存続会社（新設会社）の株式を交付する場合における存続会社（新設会社）の資本金および準備金の額に関する事項（会 749 条 1 項 2 号イ、753 条 1 項 6 号）

　　d　吸収分割および新設分割

　承継会社（新設会社）が分割会社に対して承継会社（新設会社）の株式を交付する場合における承継会社（新設会社）の資本金および準備金の額に関する事項（会 758 条 4 号イ、763 条 1 項 6 号）

　　e　株式交換および株式移転

　完全親会社が完全子会社の株主に対して完全親会社の株式を交付する場合における完全親会社の資本金および準備金の額に関する事項（会 768 条 1 項 2 号イ、773 条 1 項 5 号）

　　f　株式交付

　株式交付親会社が株式交付子会社の株式の譲渡人に対して株式交付親会社の株式または金銭等を交付する場合における株式交付親会社の資本金および準備金の額に関する事項（会 774 条の 3 第 1 項 3 号・8 号イ）

　　㋑　上記㋐～㋒に準ずるもの

⑵　計算関係書類に関する監査役会の監査報告の内容

　監査役会が作成しなければならない監査報告は、次の事項を内容とするものでなければなりません（計規 123 条 2 項）。

①　上記（1）②～④に掲げる事項

②　監査役および監査役会の監査の方法およびその内容

③　監査報告を作成した日

　なお、監査役会の監査報告について、作成にあたって 1 回以上会議を開催する方法等により内容の審議を行わなければならない点は、事業報告およびその附属明細書に関する監査報告の場合と同様です（計規 123 条 3 項）。

| 監査等委員会設置会社 | 指名委員会等設置会社 |

 監査報告

　監査等委員会設置会社、指名委員会等設置会社の監査報告は、それぞれどのような内容になりますか。

　監査等委員会・監査委員会が監査報告に記載する内容は以下のとおりで、いずれも監査等委員会・監査委員会の決議をもって定められなければなりません（会規130条の2、131条、計規128条の2、129条）。

　多数決によりその内容が決定される点を除き、原則として監査役会の監査報告と同じです。なお、監査等委員会設置会社、指名委員会等設置会社では監査等委員会、監査委員会が作成する監査報告のみであり、各監査等委員・監査委員は監査報告を作成しません。

(1)　事業報告およびその附属明細書に関する監査報告

　事業報告およびその附属明細書を受領したときは、次に掲げる事項を内容とする監査報告を記載しなければなりません。

監査等委員会設置会社（会規130条の2）	指名委員会設置会等設置会社（会規131条）
①　監査等委員会の監査の方法およびその内容	①　監査委員会の監査の方法およびその内容
②　会社法施行規則129条1項2号から6号までに掲げる事項	
③　監査報告を作成した日	

(2)　計算関係書類に関する監査報告

　計算関係書類および会計監査報告を受領したときは、次に掲げる事項を内容とする監査報告を作成しなければなりません。

監査等委員会設置会社（計規128条の2）	指名委員会設置会等設置会社（計規129条）
①　監査等委員会の監査の方法およびその内容	①　監査委員会の監査の方法およびその内容
②　会社計算規則127条2号から5号までに掲げる事項	
③　監査報告を作成した日	

3　買収防衛策

　財務および事業の方針の決定を支配する者の在り方に関する基本方針が定められている場合には、一定の事項（買収防衛策を定めている場合は、それも含みます）を事業

報告の内容としなければならず、当該事項について監査役が監査報告に意見を記載することになります（会規 127 条、129 条 1 項 6 号）。

　買収防衛策は、その内容にもよりますが、取締役の保身がその目的となる可能性があります。また、取締役が会社の支配関係の争いをめぐって、買収防衛策により株主共同の利益を害する場合には、取締役の会社に対する善管注意義務・忠実義務違反の可能性があります。

　一方、買収防衛策については、2008 年 6 月に経済産業省の企業価値研究会が「近時の諸環境の変化を踏まえた買収防衛策の在り方」を公表しています。その概要は、次のとおりです。

① 　買収防衛策の発動にあたって、買収者に対して金員等の交付を行うべきではない

② 　買収防衛策発動の是非について、取締役は、形式的に株主総会に判断を委ねるのではなく、自ら責任をもって規律ある行動をすることが求められる

③ 　取締役会は、株主の利益の確保・向上に適わないにもかかわらず、株主以外の利益に言及することで保護すべき利益を不明確としたり、発動要件を拡大解釈したりしてはならない

④ 　取締役会は、買収提案の検討期間を恣意的に長期なものとしたり、延長したりしてはならない

⑤ 　取締役会は、買収条件の改善により株主の利益を向上できる可能性がある場合には、その改善に向けて、真摯に交渉しなければならない

　監査役としては、これらを考慮しつつ、買収防衛策が本当に企業価値・株主共同の利益を高めることになっているかなどの視点から、取締役の善管注意義務・忠実義務違反がないかどうかについて、検討する必要があります。

第 3 節　監査報告の通知期限

　会計監査人および監査役会設置会社における監査報告のスケジュールは、次のとおりです（なお、巻末【資料 3】「監査日程」（p.107）参照）。

1　計算関係書類の監査

　計算書類（貸借対照表、損益計算書、株主資本等変動計算書および個別注記表）およびその附属明細書ならびに連結計算書類（連結貸借対照表、連結損益計算書、連結株主資本等変動計算書および連結注記表）を作成した取締役は、これら計算関係書類を会計監査人に提供すると同時に、監査役にも提供しなければなりません（計規 125 条）。

　会計監査人は、計算関係書類の提供を受けて会計監査報告を作成し（計規 126 条）、計算書類およびその附属明細書については、①当該計算書類の全部を受領した日から 4 週間を経過した日、②当該計算書類の附属明細書を受領した日から 1 週間を経過した日、または、③特定取締役、特定監査役および会計監査人の間で合意により定めた日、のいずれか遅い日までに、連結計算書類については、当該連結計算書類の全部を受領した日から 4 週間を経過した日（特定取締役、特定監査役および会計監査人の間で合意により定めた日がある場合は、その日）までに、特定監査役および特定取締役に対し、当該会計監査報告の内容を通知しなければなりません（計規 130 条 1 項）。

　計算関係書類および会計監査報告を受領した監査役は、監査報告を作成し（計規 127 条）、監査役会は、監査役の監査報告に基づき、会議開催または情報の送受信による同時意見交換によって 1 回以上審議し、監査役会の監査報告を作成しなければなりません（計規 128 条）。

　特定監査役は、計算書類およびその附属明細書については、会計監査報告を受領した日から 1 週間を経過した日、または特定取締役および特定監査役の間で合意により定めた日のいずれか遅い日までに、連結計算書類については、会計監査報告を受領した日から 1 週間を経過した日（特定取締役および特定監査役の間で合意により定めた日がある場合は、その日）までに、特定取締役および会計監査人に対し、監査役会の監査報告の内容を通知しなければなりません（計規 132 条 1 項）。

2　事業報告等の監査

　事業報告およびその附属明細書を受領した監査役は監査報告を作成し（会規 129 条）、監査役会は、監査役の監査報告に基づき、会議開催または情報の送受信による同時意見交換によって 1 回以上審議し、監査役会の監査報告を作成しなければなりません（会規 130 条）。

　特定監査役は、①事業報告を受領した日から 4 週間を経過した日、②事業報告の附属明細書を受領した日から 1 週間を経過した日、または、③特定取締役および特定監査役の間で合意した日、のいずれか遅い日までに、特定取締役に対して、監査役会の監査報告の内容を通知しなければなりません（会規 132 条 1 項）。

3　監査報告の株主への提供および備置

　監査役会の監査報告は、計算書類、連結計算書類、事業報告および会計監査報告とともに、定時株主総会の日の 2 週間前までに発送される招集通知に添付されます（会 437 条、444 条 6 項、会規 133 条、計規 133 条、134 条）。

　会社は、監査役会の監査報告を、計算書類、事業報告およびこれらの附属明細書な

らびに会計監査報告とともに、定時株主総会の日の2週間前の日から本店に5年間、その写しを支店に3年間、備え置かなければなりません（会442条1項・2項）。

Q20　特定取締役・特定監査役

会計監査報告の内容の通知を受け、または監査役会の監査報告の内容を通知し、もしくはその通知を受ける「特定取締役」および「特定監査役」とは、だれのことを指しますか。

事業報告等の監査と計算関係書類の監査で次のように整理されます。

⑴　事業報告等の監査の場合

「特定取締役」……監査報告の内容の通知を受ける者を定めた場合はその者、定めていない場合は事業報告およびその附属明細書の作成に関する職務を行った取締役を指します（会規132条4項）。

「特定監査役」……監査役会が監査報告の内容の通知をすべき監査役を定めた場合は当該監査役、定めていない場合はすべての監査役を指します（会規132条5項）。

⑵　計算関係書類の監査の場合

「特定取締役」……会計監査報告の内容の通知を受ける者を定めた場合はその者、定めていない場合は監査を受けるべき計算関係書類の作成に関する職務を行った取締役を指します（計規130条4項）。

「特定監査役」……監査役会が会計監査報告の内容の通知を受ける監査役を定めた場合は当該監査役、定めていない場合はすべての監査役を指します（計規130条5項）。

いずれの場合も、監査報告の内容の通知を円滑に進めるために、取締役会や監査役会であらかじめ通知をすべき者や通知を受ける者を定めておくことが望ましいでしょう。

第4節　株主総会における監査役

1　監査役の出席義務

監査役の株主総会への出席義務については、明文の規定はありません。しかし、監査役には、取締役と同じく、株主の質問に対して説明する義務がありますので（会314条）、監査役としては、この義務を履行するために、病気等のやむをえない事由がある場合を除き、株主総会に出席する義務があるとされています。

2　株主総会提出書類の調査

　監査役は、取締役が株主総会に提出しようとする議案や書類等に、法令・定款違反または著しく不当な事項がないかどうかについて、調査しなければなりません（会384条。監査役の権限を会計監査に限定する旨の定款の定めがある場合は、会計事項のみとなります（会389条3項））。

　「議案」とは、決議事項における決議案の内容であり、たとえば、取締役選任を会議の目的とするときは具体的な候補者を指し、定款変更を会議の目的とするときはその具体的な変更内容をいいます。「書類等」とは、決議または報告について提出される書類または電磁的記録その他の資料であり（会規106条）、これには、たとえば、株主総会参考書類（会社法施行規則第4章第1節第2款（会規73条〜94条））のほか、貸借対照表、損益計算書などの計算書類、連結計算書類、事業報告、監査報告なども含まれます。

3　監査役選任に対する監査役会の同意権・提案権

　監査役会設置会社においては、取締役が監査役選任に関する議案を株主総会へ提出するためには、監査役会の同意が必要です（会343条1項・3項）。

　また、監査役会は、具体的な候補者を示さないで監査役の選任を株主総会の議題とすること、および、具体的な候補者を示して監査役選任に関する議案を株主総会へ提出することを取締役へ請求することができます（会343条2項・3項）。

　これらは、監査役会に一定の権限を付与することにより、取締役の恣意的な監査役の選任を排除し、監査役の地位の独立性を確保するためのものです。

監査等委員会設置会社

 監査等委員選任に対する同意権・提案権

監査等委員の選任に対する監査等委員会の権限はどうなっていますか。

(1)　監査等委員の選任

　監査等委員会設置会社における取締役はすべて株主総会で選任されます。その際、監査等委員である取締役は、株主総会の決議において、監査等委員以外の取締役と区別して選任されます（会329条2項）。

(2)　監査等委員の選任議案の同意権

　監査等委員会設置会社において、取締役は、監査等委員である取締役の選任の議案を株主総会に対して提出するときは、監査等委員会の同意を得る必要があります（会344

条の2第1項)。
　(3)　監査等委員の選任議案の提案権
　監査等委員会は、取締役に対し、監査等委員である取締役の選任を株主総会の目的とすること、または監査等委員である取締役の選任に関する議案を株主総会に提出することを請求することができます（会344条の2第2項)。

4　株主総会への報告、意見の陳述

(1)　報告事項

　監査役は、監査報告について、あらためて株主総会で報告する義務はありません。しかし、株主総会において、議長の指名により、監査役から監査報告を行うのが通例となっています。複数の監査役がいるときは、1人の監査役（監査役会設置会社の場合は常勤監査役）が代表してこれを行うのが一般的です。

　一方、監査役は、取締役が株主総会に提出しようとする議案や書類等を調査し、法令もしくは定款に違反しまたは著しく不当な事項があると認めるときは、その調査の結果を株主総会において報告しなければなりません（会384条)。

　さらに、監査役会は、会計監査人に職務上の義務違反、非行、心身の故障など一定の事由があり、監査役の全員の同意により会計監査人を解任したとき（会340条1項・2項・4項）は、監査役会が選定した監査役は、その解任後最初に招集される株主総会で、解任の事実とその理由を報告しなければなりません（同条3項・4項)。この場合、解任された会計監査人は、意見を陳述することができます（会345条2項・5項)。なお、書面投票制度を採用している会社では、監査役が報告すべき調査の結果の概要を株主総会参考書類に記載しなければなりません（会規73条1項3号)。

(2)　意見の陳述

　監査役は、株主総会において、監査役の選任もしくは解任または辞任、および監査役の報酬等（いわゆる退職慰労金・賞与を含みます）について意見を述べることができます（会345条1項・4項、387条3項)。この場合、書面投票制度を採用している会社では、監査役の意見の内容の概要を株主総会参考書類に記載しなければなりません（会規76条1項5号、80条3項、84条1項5号)。

　また、監査役を辞任した者は、辞任後最初に招集される株主総会に出席して辞任した旨およびその理由を述べることができます（会345条2項・4項)。

監査等委員会設置会社

Q10　株主総会への報告、意見の陳述

監査等委員会設置会社では、株主総会への報告、意見の陳述はどうなっていますか。

(1)　報告事項

監査等委員は、取締役が株主総会に提出しようとする議案、書類その他法務省令で定めるものについて、法令もしくは定款に違反し、または著しく不当な事項があると認めるときは、その旨を株主総会に報告します（会399条の5）。監査等委員会の独立性に鑑み、監査役の権限に倣って、監査役の株主総会への報告義務（会384条）と同様の規定が置かれたものです。これに対し、指名委員会等設置会社の場合、監査役設置会社における会社法384条のような、株主総会への報告義務の定めはありません。

(2)　意見の陳述

ア　各監査等委員は、株主総会において、監査等委員である取締役の選任もしくは解任または辞任について意見を述べることができます（会342条の2第1項）。

イ　監査等委員会が選定する監査等委員は、株主総会において、監査等委員である取締役以外の取締役の選任もしくは解任または辞任について、監査等委員会の意見を述べることができます（会342条の2第4項）。

ウ　監査等委員である取締役を辞任した者は、辞任後最初に招集される株主総会に出席し、辞任した旨およびその理由を述べることができます（会342条の2第2項）。

エ　監査等委員は、株主総会において、監査等委員である取締役の報酬等について意見を述べることができます（会361条5項）。さらに、監査等委員会が選定する監査等委員は、株主総会において、監査等委員である取締役以外の取締役の報酬等について監査等委員会の意見を述べることができます（同条6項）。

5　株主の質問と説明義務および株主提案権

(1)　説明義務

株主総会における株主の質問に対し、取締役は業務執行全般にわたる事項について、各監査役は監査に関連する事項について、説明する義務があります（会314条）。株主が株主総会において質問し、意見を述べることができるのは当然ですが、これを取締役・監査役の説明義務として明文で定めたのは、株主の正当な質問が不当に抑圧されることを防止するためです。

株主の質問は、その内容により、通常、次のように取り扱われます。

まず、会社の業務執行に関する事項については、議長または議長に指名された取締役が説明することになります。監査役に対する質問であっても、その内容が会社の業

務執行に関する事項については、同様に取り扱われます。

　監査に関する事項については、監査役が説明します。監査役は各自が独立の機関ですので、各監査役が説明義務を負っています。しかし、監査役間の意見が同一であるものについては、かりに特定の監査役を指名してなされた質問であっても、他の監査役が代表して説明することができます。また、監査役会において、各監査役の役割分担が定められた場合（会390条2項3号）には、当該役割分担に応じて説明することができます。いずれにしても、株主の質問に対する説明は株主総会の運営上重要ですので、事前に議長と議事運営について十分打ち合わせておくことが望まれます。

　なお、取締役および監査役による説明は、合理的かつ平均的な株主の立場において、報告事項については合理的理解、決議事項については議案の賛否の合理的判断のために必要な範囲で行えばよいものとされています。

　監査役が株主の質問に対し十分説明をしないで株主総会の決議が強行されたときは、その決議は決議の方法に瑕疵があるとして、株主から決議取消しの訴えを提起される可能性があり、また、監査役は、過料の制裁を受けることがあります（会831条1項1号、976条9号）。

⑵　説明義務の範囲

　監査役の説明義務の対象となる事項は、監査に関する事項です。しかし、次の場合には説明を拒むことができますので、これが説明義務の範囲を画するとともに、質問権の濫用を防止することになります（会314条ただし書、会規71条）。

ア　質問事項が株主総会の目的事項に関しない場合

　この「株主総会の目的事項」には、決議事項だけでなく、報告事項も含まれます。したがって、事業報告、貸借対照表および損益計算書の報告なども説明義務の対象となりますので、この点、留意する必要があります。

イ　株主共同の利益を著しく害する場合

　説明することにより企業秘密が他に漏れ、その結果、会社の営業に支障を来し、株主が一般的に不利益を被るような場合とされています。なお、具体的に説明を拒絶できるか否かは、株主が得る利益と会社が被る損害との利益衡量によって決せられると考えられます。

ウ　調査をすることが必要である場合

　回答するには調査が必要であり、直ちに答弁できない場合をいいます。ただし、株主総会の日より相当の期間前に質問事項を会社に対して通知された場合、調査が著しく容易である場合には、これを理由に説明を拒むことができません。

エ　会社その他の者の権利を侵害することになる場合

オ　実質的に同一の事項について繰り返して説明を求める場合

カ　その他正当事由のある場合

　たとえば、法律解釈に関する質問や、説明をすることにより自己または会社が刑事責任を追及されるおそれがある場合、または調査をするには社会通念上不相当な費用を要するときなどが考えられます。

(3)　株主提案権

　株主総会の議題は、通常、会社が提出するものですが、公開会社である取締役会設置会社の場合、6 カ月前より引き続き総株主の議決権の 100 分の 1 以上または 300 個以上の議決権を有する株主は、総会日の 8 週間前までに議題を提案し、議案の要領の招集通知への掲載を請求する権利が認められています（会 303 条 2 項、305 条 1 項）。この 6 カ月の保有期間要件や 100 分の 1 または 300 個という保有数要件は、いずれも定款で緩和することが可能です。また、総会日の 8 週間前という株主提案権の行使期間についても、定款によって短縮することができるとされています。

　なお、株主提案権の濫用的な行使を制限するための措置として、令和元年改正会社法において、取締役会設置会社の株主が議案要領通知請求権（会 305 条 1 項）を行使する場合に、同一の株主総会において提出することができる議案の数の上限を 10 に制限することが認められました（同条 4 項）。株主から 10 を超えた株主提案が行われ、上限を超える部分の提案を拒絶する場合、どの提案を拒絶するのかを決めるのは、原則として取締役ですが、あらかじめ提案株主の側が優先順位を決めていた場合には、それに従うこととされています（同条 5 項）。株主が提出することができる議案数の上限である 10 の数え方については、原則として 1 議案について 1 個と数えられますが、一部の議案については、議案の数の制限に関する規定を形式的に適用することによる不都合を回避するため、一定の範囲で 2 以上の議案は 1 議案とみなされます（同条 4 項各号）。

第 5 章
監査役の責任

POINT

1　監査役は、会社に対する一般的な義務として善管注意義務を負うとともに、その任務を怠った場合には、会社に対して損害賠償責任を負う。ほかに任務を怠った監査役がいる場合や当該損害に関し会社に対して責任を負う取締役がいるときは、その者と連帯して損害賠償責任を負う。

2　株主は、会社のために、監査役に対する責任を追及する訴えを提起することができる（株主代表訴訟）。また、ある会社の最終完全親会社等の株主は、一定の要件を満たした場合、その会社のために、当該会社の監査役に対する責任を追及する訴えを提起することができる（多重代表訴訟）。

3　監査役は、①その職務を行うにつき悪意または重過失のあった場合、②監査報告に記載すべき重要な事項について虚偽の記載をした場合には、第三者に対しても損害賠償責任を負う。

4　監査役の会社に対する責任や第三者に対する民事上の責任については、会社法上、さまざまな責任減免の方法が規定されている。

5　監査役は、一定の会社法違反の行為を行った場合、民事上の責任のほかに、懲役刑を含む刑事上の責任を問われうる。

第 1 節　監査役の民事上の責任

1　監査役の会社に対する責任

　会社と監査役との法律関係には、取締役の場合と同様、委任の規定が適用され（会330条）、監査役は、その一般的な義務として、会社に対して善良な管理者の注意をもってその職務を行う義務（善管注意義務）を負います（民644条）。この義務に違反して会社に損害を与えた場合には、一般原則に従い、債務不履行に基づく損害賠償責任を負います。

　さらに、この責任に加え、会社法上定められた責任として、監査役がその任務を

怠ったときは、会社に対して損害賠償責任を負います（任務懈怠責任。会 423 条。なお、巻末【資料 11】「監査役をめぐる裁判例」(p.122) 裁判例 3〜11 参照）。

　なお、監査役は、会社の業務執行機関ではありませんので、取締役について定められているような忠実義務の規定（会 355 条）や競業取引および利益相反取引の規制（会 356 条）はありませんが、取締役の職務の執行を監査する機関として、株主総会提出議案等を調査し、株主総会に報告する義務の規定（会 384 条）等、取締役については定められていない義務を負います（なお、監査役の義務については第 2 章第 2 節「2　監査役の権限・義務」(p.30)、取締役の義務については巻末【資料 7】「会社法において取締役が負う義務・責任」(p.114) 参照）。

2　責任を負担する監査役

　監査役の任務を怠った監査役が 2 人以上あるときは、それらの監査役は連帯して会社に対して損害賠償責任を負い、当該損害に関し取締役も会社に対して責任を負うときは、監査役は、その取締役とも連帯して損害賠償責任を負います（会 430 条）。

3　株主による責任追及

(1)　株主代表訴訟

　監査役の会社に対する責任は、本来は、会社自身によって追及されるべきものですが、会社との情実に流されて不問に付される危険性があり、その実効が期待できないおそれがあります。そこで、会社法では、取締役の場合と同様に、株主が自ら、会社のために、監査役に対する責任を追及する訴えを提起することを認めています。これが株主代表訴訟（以下「代表訴訟」といいます）の制度です。

　代表訴訟を提起できるのは、公開会社の場合、6 カ月前から引き続き株式を有している（継続保有要件を満たす）株主です（定款において制限されている場合を除き、単元未満株主も含まれます）。また、その会社の株式交換または株式移転があった場合、もしくはその会社が吸収合併により消滅する会社となる吸収合併があり三角合併の形で存続会社の完全親会社の株式を取得した場合、形式的には継続保有要件が満たされないことになりますが、①当該会社の株式交換または株式移転により当該会社の完全親会社の株式を取得し、引き続き当該株式を有するとき（会 847 条の 2 第 1 項 1 号）、または、②当該会社が吸収合併により消滅する会社となる吸収合併により、吸収合併後存続する会社の完全親会社の株式を取得し、引き続き当該株式を有するとき（同項 2 号）であれば、代表訴訟を提起することができます。株主は、低額の手数料（13,000 円。会 847 条の 4 第 1 項、民訴費 4 条 2 項・別表第一）で代表訴訟を提起することができるとともに、株主が勝訴したとき（一部勝訴を含みます）は、会社に対し、弁護士

報酬および訴訟の遂行に必要な調査費用等のうち、相当額を請求することができます（会852条1項）。これは、株主の監査役に対する監督権限を担保するために、代表訴訟を提起しようとする株主に不当な経済的負担をかけないようにするものです。

　株主は、まず、会社に対して書面または電子メール等の電磁的方法により取締役の責任を追及する訴えの提起を請求し、60日以内に会社がこれに応じない場合（回復しがたい損害が生じるおそれがある場合は直ちに）、代表訴訟を提起することができます（会847条1項・3項・5項、会規217条）。この場合、取締役に対する代表訴訟では、株主からの請求の相手方は監査役であり、会社と取締役間の訴訟については、監査役が会社を代表することとされ（会386条）、会社による訴えの提起を行うか否かの判断は監査役が行うこととなります。

　一方、監査役の責任を追及する代表訴訟の場合には、株主の請求に応じるかどうかの判断は取締役会が行い、応じた場合の訴訟の追行は代表取締役が行うこととされています（会349条4項）。代表訴訟において追及される監査役の責任は、監査役が会社に対して負担する一切の債務とされています。代表訴訟を提起された監査役は、代表訴訟が監査役個人に対する訴訟であることから、原則として、自らの費用で弁護士を雇い防御する必要があります。訴えられた監査役は、代表訴訟の濫用を防ぐため、代表訴訟を提起した株主に対して相当の担保を提供するように裁判所に申し立てることができます（会847条の4第2項）。ただし、この場合、監査役は、株主が悪意で訴訟を提起していることについて裁判所に疎明（一応確からしいとの認識を持つ程度の証明）をしなければなりません（同条3項）。

　なお、監査役の争訟費用、損害賠償金等については、補償契約（会430条の2）、役員等賠償責任保険契約（D&O保険。会430条の3）等によって、一定額を補償・填補することができます。

(2)　多重代表訴訟

　会社法では、親会社等の株主が、一定の要件を満たす場合、その子会社の監査役その他役員等の責任を追及する制度も認めています。これは、とくに完全親会社が純粋持株会社のような場合には実質的には子会社が事業を行っているため、完全親会社が子会社の役員等の責任を追及しない場合には結果的に完全親会社の株主が損害を被るおそれがあるので、完全親会社の株主に、実際の事業を行っている子会社の監査役その他役員等に対し、直接的に責任を追及することを認める制度です。

　親会社の株主が、子会社の監査役その他役員等に対して責任を追及する訴えを提起するためには、株式会社の最終完全親会社等（当該株式会社の完全親会社等であって、自己の完全親会社等がないもの）の株主であり、かつ株式会社の最終完全親会社等の総株主の議決権の100分の1以上の議決権または当該最終完全親会社等の発行済株式

の100分の1以上の数の株式を有する株主であること（会847条の3第1項）が必要になります。また、最終完全親会社等が公開会社である場合は、通常の株主代表訴訟の場合と同じく、その株式を6カ月（定款でこれを下回る期間を定めた場合はその期間）継続して保有していることが要件になります（公開会社でない場合には、この継続保有要件はありません。同条6項）。

　多重代表訴訟においても、最終完全親会社等の株主は、まず、会社（最終完全親会社ではなく、責任を追及されるべき監査役その他の役員等のいる子会社の方です）に対し、提訴請求を行ったうえで、60日以内に提訴されない時に限り、自ら多重代表訴訟を提起できるのが原則です（会847条の3第7項）。

⑶　株主によるその他の責任追及

　取締役の場合と同様、少数株主保護の観点から、一定の場合、株主による監査役の解任請求が認められています（会854条）。しかし、取締役の場合（会360条）と異なり、監査役は業務執行に携わらないため、監査役の違法行為等に対する株主の差止請求権は認められていません。

4　第三者に対する民事上の責任

　監査役は、会社に対しては委任の法律関係にあり、善管注意義務や任務懈怠責任を負いますが、第三者に対しては、直接何ら特別の法律関係がありません。したがって、監査役が会社に対する職務を怠り、結果的に第三者に損害を及ぼしたとしても、民法上の一般の不法行為による損害賠償責任は別として、とくにその他の責任を負うことは、本来ないはずです。しかし、会社法は、監査役が、①職務を行うにつき悪意または重過失のあった場合（会429条1項）、②監査報告に記載すべき重要な事項について虚偽の記載をした場合（同条2項3号）に、監査役個人が第三者に対して損害賠償責任を負うものとして、第三者の保護を図ることにしています。

　なお、取締役により虚偽の計算書類が作成されたにもかかわらず、監査役がこれを知りながら異議をとどめず、真正な計算書類として株主総会に報告された結果、第三者が損害を被った場合は、監査役は、取締役と連帯してその第三者に損害賠償責任を負うことになります（会430条）。この場合、会計監査人にも責任があるときは、その会計監査人は、取締役および監査役と連帯して責任を負うこととなります。

5　監査役の責任減免

⑴　総株主の同意による事後的な免除

　監査役の会社に対する任務懈怠による損害賠償責任は、原則として、総株主の同意がなければ免除されません（会424条）。なお、総株主には議決権のない株式の株主

も含まれます。また、多重代表訴訟の対象となる監査役の責任の免除については、当該会社の総株主の同意に加えて、最終完全親会社等の株主の全員の同意を得ることが必要です（会847条の3第10項）。

⑵　株主総会の特別決議による事後的な一部免除

ア　意　義

監査役の任務懈怠責任は、その監査役が職務を行うにつき善意で重過失のないとき（すなわち軽過失がある場合のみ）は、株主総会の特別決議（法令上一定範囲で認められた変更を定款で行っていない限り、当該株主総会において議決権を行使することができる株主の議決権の過半数を有する株主が出席し、出席した当該株主の議決権の3分の2以上にあたる多数の賛成による決議（会309条2項8号））により、次の⑺～⑼の合計額（「最低責任限度額」）を控除して得た額を限度として免除することができます（会425条1項、会規113条、114条）。多重代表訴訟の対象となる監査役については、当該会社の株主総会の特別決議に加えて、最終完全親会社等の株主総会の特別決議も必要とされています（会425条1項柱書）。「限度として免除できる」とは、少なくともその控除される額、すなわち最低責任限度額については賠償責任を負わなければならないということです（巻末【資料8】「役員等の責任減免」（p.117）参照）。

⑺　報酬等の2年分

当該監査役がその在職中に報酬、賞与その他の職務遂行の対価として会社から受け、または受けるべき財産上の利益の額の事業年度（ただし、責任を一部免除する旨の株主総会決議の日の属する事業年度以前のもの）ごとの合計額のうち、最も高い額の2年分に相当する額。

⑻　退職慰労金等 ×2／在職年数

当該監査役が会社より受けた退職慰労金の額およびこれらの性質を有する財産上の利益の額の合計額を在職年数で割った額の2倍（ただし、当該合計額がかかる計算の結果得られる額よりも低いときは当該合計額）。

⑼　新株予約権（ストック・オプション）行使による利益

当該監査役がとくに有利な条件で引き受けた新株予約権に関し、就任後に当該新株予約権を行使したときは、行使時における1株あたりの時価から、新株予約権の行使価額および新株予約権発行時の払込金額の合計額の1株あたりの額を減じて得た額に、交付を受けた株式の数を乗じた額。当該監査役が就任後に当該新株予約権を譲渡したときは、譲渡価額から払込金額を減じて得た額に譲渡した新株予約権の数を乗じた額。

イ　株主総会への開示

株主総会によって監査役の責任を免除する場合、取締役は、①責任の原因事実およ

び賠償責任額、②免除の限度額およびその算定の根拠、③責任を免除すべき理由および免除額を株主総会に開示しなければなりません（会 425 条 2 項）。

ウ　責任免除後の退職慰労金の支給等に対する株主総会の承認

責任免除決議を株主総会で行った後に、会社が当該監査役に退職慰労金等の財産上の利益を与えるとき、または当該監査役がとくに有利な条件で引き受けた新株予約権を決議後に行使し、もしくは譲渡するときには、当該監査役が責任免除額算出時に考慮されなかった利得を無制限に得ることを防ぐため、株主総会の承認を得なければなりません（会 425 条 4 項）。また、当該監査役がとくに有利な条件で引き受けた新株予約権証券を所持している場合、責任免除決議後、遅滞なく当該新株予約権証券を会社に預託しなければならず、預託後は株主総会の承認がなければ新株予約権証券の返還を請求することができません（同条 5 項）。

⑶　定款規定に基づく取締役会決議による事後的な一部免除

ア　意　義

株主総会の特別決議による事後的な一部免除と同様に、監査役の任務懈怠責任は、その監査役が職務を行うにつき善意で重過失のないときは、定款に責任免除に関する規定が設けられている場合には、取締役会決議により一定の限度で免除することができます。

取締役会が当該監査役の責任を免除できるのは、責任の原因である事実の内容、その監査役の職務執行の状況その他の事情を勘案して、とくに必要があると認められるときに限定されています（会 426 条 1 項）。なお、定款に監査役の責任免除ができる旨を定めたときには、その旨を登記する必要があります（会 911 条 3 項 24 号）。

最低責任限度額については、株主総会の特別決議による事後的な免除の場合と同様です。ただし、報酬等の 2 年分（最低責任限度額）については、責任を一部免除する旨の取締役会決議の日の属する事業年度以前の各事業年度において、当該監査役が報酬・賞与その他の職務遂行の対価として会社から受け取った額の事業年度ごとの合計額中、最も高い額の 2 年分に相当する額となります（会規 113 条 1 号ロ）。

イ　株主に対する通知および開示

定款の規定に基づき取締役会において責任免除決議をした場合、取締役は、遅滞なく、①責任の原因事実および賠償責任額、②免除の限度額およびその算定の根拠、③責任を免除すべき理由および免除額、ならびに、④異議があれば一定期間（1 ヵ月を下ることができません）内に述べるべき旨を公告し、または株主に通知しなければなりません（会 426 条 3 項、425 条 2 項）。これに対して、総株主の議決権の 100 分の 3（これを下回る割合を定款で定めた場合には、その割合）以上を有する株主が当該期間内に異議を述べたときは、会社は責任免除をすることができません（会 426 条 7 項）。

ウ　責任免除後の退職慰労金の支給等に対する株主総会の承認

責任免除決議を取締役会で行った後に、会社が当該監査役に退職慰労金等を与えるとき、または当該監査役が新株予約権の行使・譲渡をするときには株主総会の承認を得なければならないこと、また、当該監査役が新株予約権証券を所持している場合、責任免除決議後、遅滞なく新株予約権証券を会社に預託しなければならず、預託後は株主総会の承認がなければ新株予約権証券の返還を請求することができないことについては、いずれも株主総会の特別決議による事後的な免除の場合と同様です（会426条8項、425条4項・5項）。

⑷　定款規定に基づく事前の責任限定契約

ア　意　義

監査役の任務懈怠責任については、その監査役が職務を行うにつき善意かつ重大な過失がないときは、定款で定めた額の範囲内であらかじめ定めた額と最低責任限度額とのいずれか高い額を限度とする旨の契約（責任限定契約）を監査役と締結することができる旨を定款で定めることができます（会427条1項）。

定款に監査役と責任限定契約を締結することができる旨を定めたときには、その規定を登記しなければなりません（会911条3項25号）。また、監査役候補者と責任限定契約を締結しているときもしくは当該契約を締結する予定があるときには、当該契約の内容の概要を株主総会参考書類（監査役選任議案）に記載する必要があり（会規76条1項6号）、また、監査役と責任限定契約を締結しているときには、当該契約の内容の概要を事業報告に記載する必要があります（会規121条3号）。なお、当該事項は、ウェブ開示の対象とできる事項に含まれますが（会規133条3号）、令和元年改正で新設されることとなった電子提供措置の施行（令和5年6月初旬までに施行される予定）後は、電子提供措置を採用する会社において、当該会社の株主から書面交付請求を受けた場合に交付しなければならない電子提供措置事項記載書面からは記載を除くことができないこととされているため、留意が必要となります（会325条の5第3項、会規95条の4第1項2号イ。なお、**Q18**（p.69）参照）。

イ　責任の限度額

監査役が責任を負う額の限度は、定款で定めた額の範囲内であらかじめ会社が定めた額と最低責任限度額とのいずれか高い額となります。最低責任限度額については、株主総会の特別決議による事後的な免除や、定款規定に基づく取締役会決議による事後的な免除の場合と同様です。ただし、最低責任限度額に算入される報酬等の2年分については、責任の原因となる事実が生じた日の属する事業年度以前の各事業年度において、当該監査役が報酬・賞与その他の職務遂行の対価として会社から受け取った額の事業年度ごとの合計額中、最も高い額の2年分に相当する額となります（会規

113 条 1 号ハ）。

　なお、株主総会の特別決議による事後的な免除や定款規定に基づく取締役会決議による事後的な免除の場合には、最低責任限度額は責任額の下限であり責任免除額の限度額として機能するのに対し、監査役の事前の責任限定契約では、会社があらかじめより高い責任額を定めていない限り最低責任限度額が責任額の上限となる点が異なるところです。

ウ　株主総会への開示

　責任限定契約を締結した会社が、契約の相手方である監査役の任務懈怠により損害を受けたことを知ったときは、①責任の原因事実および賠償責任額、②免除の限度額およびその算定の根拠、③責任限定契約の内容および契約を締結した理由、④任務懈怠により生じた損害のうち当該監査役が賠償責任を負わないとされた額を、その後最初に招集される株主総会において開示しなければなりません（会 427 条 4 項）。

エ　責任限定契約後の退職慰労金の支給等に対する株主総会の承認

　監査役が責任限定契約に基づき現実に責任の一部を免れた後の退職慰労金の支給等には、株主総会の特別決議に基づく責任免除後の退職慰労金の支給等と同様、株主総会の承認を要します。とくに有利な条件で引き受けた新株予約権証券の取扱いも同様です（会 427 条 5 項、425 条 4 項・5 項）。

オ　取締役の責任減免に関する監査役の同意

　株主総会の特別決議や定款に基づく取締役会決議による責任免除・軽減は、取締役の会社に対する責任についても認められます。また、業務執行取締役等以外の取締役は、定款に定めたうえで責任限定契約を締結することができます（会 427 条）。このような責任免除に関する議案や定款変更議案を株主総会や取締役会に提出するときは、監査役設置会社の場合、取締役は、あらかじめ監査役の同意を得る必要があります（会 425 条 3 項、426 条 2 項、427 条 3 項）。なお、監査役が複数いるときには、すべての監査役の同意が必要となります。

(5)　補償契約

ア　意　義

　補償契約とは、役員等（監査役を含みます。会 423 条 1 項かっこ書）に発生した防御費用や、第三者への賠償金、和解金に関して、その全部または一部を会社が役員等に対して補償することをあらかじめ約束する契約をいいます（会 430 条の 2。巻末【資料 9】「補償契約、D&O 保険」（p.119）参照）。補償の要件および限度額は、補償契約の内容として会社が定めることが可能です。なお、補償の要否およびその額について相当と認められる範囲内でなければ、補償を決定した取締役が善管注意義務違反を問われる可能性があります。

　監査役候補者と補償契約を締結しているときまたは補償契約を締結する予定がある
ときには、当該契約の内容の概要を株主総会参考書類（監査役選任議案）に記載する
必要があり（会規76条1項7号）、また、監査役と補償契約を締結しているときには、
当該契約を締結している監査役の氏名、当該契約の内容の概要（いわゆる適正性確保
措置を含みます）等を事業報告に記載する必要があります（会規121条3号の2〜3号
の4）。

イ　補償の対象

(ア)　補償の対象となる費用・損失

補償契約における補償の対象となる費用・損失は以下のとおりです。

- 監査役が、その職務の執行に関し、法令の規定に違反したことが疑われ、または
  責任の追及に係る請求を受けたことに対処するために支出する費用（防御費用。
  会430条の2第1項1号）
- 監査役が、その職務の執行に関し、第三者に生じた損害を賠償する責任を負う場
  合における次の損失（損害賠償金等。会430条の2第1項2号イ・ロ）
  ① 当該損害を当該監査役が賠償することにより生ずる損失
  ② 当該損害の賠償に関する紛争について当事者間に和解が成立したときは、当
  該監査役が当該和解に基づく金銭を支払うことにより生ずる損失

防御費用に関する補償（会430条の2第1項1号）は、監査役が職務執行につき悪
意か重過失があったかどうかにかかわらず、原則補償の対象となります（別段の取扱
いをする旨の定めをしておくことも可能です）。しかし、会社が防御費用を補償した後
に、補償を受けた監査役が自己もしくは第三者の不正な利益を図り、または当該会社
に損害を加える目的で職務を執行したことを会社が知った場合、当該監査役は補償を
受けた金額に相当する金銭の返還を会社から請求される場合があります（同条3項）。

(イ)　補償の対象とならない費用・損失

監査役の職務執行の適正性の観点から補償契約における補償の対象とならない費
用・損失は以下のとおりです。

- 防御費用のうち、通常要する費用の額（訴えに係る事案の内容等、諸般の事情を総
  合的に勘案し、客観的に通常必要とされる金額。争いがあれば最終的には裁判所が判
  断する。なお、大阪地判平成22・7・14判時2093号138頁参照）を超える部分（会
  430条の2第2項1号）
- 会社が監査役の任務懈怠により第三者に対する損害賠償責任を負う場合、当該監
  査役の任務懈怠責任に係るものとして当該監査役に求償できる損失（会430条の
  2第2項2号）
- 監査役がその職務を行うことにつき悪意または重大な過失があったことにより、

第三者に生じた損害（同項3号）

ウ　取締役会での決議

補償契約の内容の決定をするには、取締役会の決議が必要とされています（会430条の2第1項）。一方で、補償の実施に際しては、取締役会の決議は求められていません（契約の内容として、取締役会の決議を必要とすることも可能です）。

エ　取締役会への報告

補償契約に基づく補償をした取締役および当該補償を受けた取締役は、遅滞なく、当該補償についての重要な事実を取締役会に報告しなければならないとされていますが、監査役が補償を受けた場合については、当該報告を行うことは義務づけられていません（会430条の2第4項）。

オ　利益相反取引規制の適用排除（取締役についてのみ適用）

補償契約の内容の決定が取締役会の決議によらなければならないこととされている中で、重ねて、利益相反取引規制として取締役会の承認等を求める必要性は低いと考えられたこと等から、補償契約の締結や補償契約に基づく補償の実施については、利益相反取引に関する規律は適用されないこととされています（会430条の2第6項）。なお、監査役は、利益相反取引規制の適用の対象とはされていません（会356条1項）。

⑹　役員等賠償責任保険契約（D&O保険）

ア　意　義

役員等賠償責任保険契約（D&O保険ともいいます）とは、会社が保険会社との間で締結する保険契約のうち役員等（監査役を含みます。会423条1項かっこ書）がその職務の執行に関し責任を負うことまたは当該責任追及の訴えを受けることにより生ずることのある損害を保険会社が填補することを約する保険契約で、被保険者が役員等であるものをいいます（会430条の3第1項。巻末**【資料9】「補償契約、D&O保険」**(p.119) 参照）。そのため、保険契約者が役員等自身である場合、役員等賠償責任保険契約に関する会社法上の規定は適用されません。

監査役候補者を被保険者とする役員等賠償責任保険契約を締結しているときまたは当該役員等賠償責任保険契約を締結する予定があるときには、当該契約の内容の概要を株主総会参考書類（監査役選任議案）に記載する必要があり（会規76条1項8号）、また、監査役を被保険者とする役員等賠償責任保険契約を締結しているときには、被保険者の範囲および契約の内容の概要を事業報告に記載する必要があります（会規121条の2第1号・2号）。

イ　取締役会での決議

役員等賠償責任保険契約の内容の決定をするには、取締役会の決議が必要とされて

います（会 430 条の 3 第 1 項）。

　　ウ　利益相反取引規制の適用排除（取締役についてのみ適用）

　役員等賠償責任保険の内容の決定が取締役会の決議によらなければならないこととされている中で、重ねて、利益相反取引規制として取締役会の承認等を求める必要性は低いと考えられたこと等から、役員等賠償責任保険の締結については、利益相反取引に関する規律は適用されないこととされています（会 430 条の 3 第 2 項）。なお、監査役は、そもそも利益相反取引規制の適用の対象とはされていません（会 356 条 1 項）。

Q21　役員等賠償責任保険契約（D&O 保険）の範囲

役員等賠償責任保険契約では監査役が負担したすべての責任が填補されるのですか。

　すべての責任は填補されません。現在認可されている役員等賠償責任保険契約（D＆O 保険）では、①監査役が会社以外の第三者から訴えられた場合の賠償責任およびその争訟費用、②株主代表訴訟に対し監査役が勝訴した場合の争訟費用、③株主代表訴訟に対し監査役が敗訴した場合の賠償責任および争訟費用が填補されるものが一般的です。③については標準契約では付保されず、特約で付保する必要がありますが、実務上はほとんど特約を付しています。また、会社から監査役が訴えられた場合の賠償責任および争訟費用は、一般には補償対象ではなく、特約で付保される場合もあります。ただし、次の場合の賠償責任は填補されません。①監査役が私的利益を違法に得た場合、②犯罪行為に起因する場合、③法令違反を認識しながら行った場合、および、④インサイダー取引を行った場合などです。

第 2 節　監査役の刑事上の責任

　監査役は、取締役と異なり、直接業務執行には関与しませんが、その職務の内容が企業や社会に対して大きな影響を及ぼすことは、取締役の場合と変わるところはありません。したがって、監査役に対しても、会社法上、損害賠償等の民事上の責任のほか、次のような懲役刑を含む刑事上の責任が規定されています。刑事責任を問われた場合には、欠格事由（会 335 条 1 項、331 条 1 項）に該当し、退任することになります（なお、巻末【資料 10】「会社法に基づく取締役・監査役の主な罰則一覧」（p.120）参照）。

1　特別背任罪

　監査役が、自己もしくは第三者の利益を図りまたは会社に害を与えることを目的として、その任務に背き会社に財産上の損害を加えたときは、10 年以下の懲役または 1,000 万円以下の罰金が科されます（併科されることもあります。会 960 条）。

2　株主等の権利の行使に関する贈収賄罪

　監査役が、株主総会における議決権の行使や発言等に関して、不正の請託（依頼）をして財産上の利益を供与し、または供与を約束したときは、5 年以下の懲役または 500 万円以下の罰金が科されます（会 968 条 2 項）。

3　株主等の権利の行使に関する利益供与罪

　監査役が、株主の権利の行使に関し、会社または子会社の計算（会社または子会社の負担）で、財産上の利益を人（法人等を含みます）に供与したときは、3 年以下の懲役または 300 万円以下の罰金が科されます（会 970 条）。

4　その他の罰則

　以上のほかに、会社法上の罰則としては、監査役がその職務に関し、不正の請託（依頼）を受けて財産上の利益を得たり、その要求や約束をしたりする場合における贈収賄罪（会 967 条）などがあります。

　また、監査役が、正当な理由がないのに株主総会で株主が求めた事項について説明をしないときなどには、取締役の場合と同様、100 万円以下の「過料」に処せられます（会 976 条 9 号）。ここにいう「過料」とは、懲役刑や罰金刑などの刑罰ではありませんので、監査役が過料に処せられたとしても、欠格事由には該当せず、監査役としての資格に影響はありません。

第 6 章
監査等委員会設置会社

┌─ **P O I N T** ─────────────────────────────

1　本章では、平成 26 年改正により創設されて以降、採用する会社が増加している監査等委員会設置会社に関し、監査役会設置会社との比較を念頭に、監査等委員会設置会社の主要な機能・役割について記載している。

2　監査等委員会はすべての監査等委員で組織される。監査等委員は取締役でなければならず、監査等委員の員数は 3 人以上で、そのうち過半数が社外取締役でなければならない。監査役と同様に、監査等委員が業務執行取締役等の一定の地位を兼ねることは、禁止または制約されている。

3　監査等委員である取締役は、監査等委員としての独立性を確保するため、監査等委員以外の取締役とは区別して選任され、報酬等についても同様に区別して定められる。

4　監査等委員会設置会社においては、独任制の機関である監査役による監査と異なり、主として内部統制部門を通じ、取締役会の内部組織である監査等委員会が組織的に監査を行うことが想定されている。監査等委員会の監査権限は、監査役の監査権限が原則として適法性に限られるのと異なり、取締役の職務執行の妥当性にも及ぶ。

5　監査等委員である取締役は、自らが取締役として取締役会における議決権を有し、取締役の選解任や業務執行の意思決定全般に関与する。また、代表取締役等の業務執行取締役に対する監督機能を果たすため、監査等委員以外の取締役の選解任や報酬等について、株主総会において意見を述べることができる権限を有する。

└──────────────────────────────────────

第 1 節　監査等委員会設置会社の特徴

　監査等委員会設置会社は、平成 26 年改正により新たに設けられた機関設計の一類型であり、監査役会設置会社と指名委員会等設置会社の中間的なガバナンスの仕組みとして位置づけられています（なお、各機関設計の比較については巻末**【資料 2】**「監査

役会、監査等委員および監査委員の比較」（p.106）参照）。監査等委員会設置会社においては、監査役および監査役会は置かれず、取締役である監査等委員で組織される監査等委員会が取締役の職務の執行に関する監査等を行うこととされています（会327条4項、399条の2第1項〜3項）。監査等委員は、3人以上の取締役で、その過半数は社外取締役でなければなりませんが（会331条6項）、常勤の監査等委員の選定は義務づけられていません。

　監査等委員は、非業務執行取締役としての監督権限に加え、監査等委員会の構成員として、監査役と同等の監査権限を行使することになります（取締役の権限・義務については巻末**【資料6】「取締役の機能・権限の基本的事項」**（p.113）、監査役の権限・義務については**第2章第2節「2　監査役の権限・義務」**（p.30）を参照）。

　監査等委員会設置会社には、監査等委員のほか、取締役会、代表取締役および会計監査人を置かなければなりません（会327条1項・5項、399条の13第3項）。また、定款の定めによって任意に会計参与を置くことができます。さらに、取締役の過半数が社外取締役である場合または定款で定めのある場合は、取締役会の決議により、一定の事項を除き、重要な業務執行の決定を取締役に委任できることとされています（会399条の13第5項・6項。なお、**監査等委員会設置会社Q2**（p.28）および**Q3**（p.33）を参照）。

　なお、監査等委員以外の取締役と当該会社との利益相反取引について、監査等委員会の事前承認があったときには、任務懈怠の推定（会423条3項）が適用されないこととされています（同条4項）。

第2節　監査等委員会設置会社における機関

1　監査等委員会

⑴　監査等委員会の職務

　監査等委員会は、すべての監査等委員で組織され（会399条の2第1項）、次に掲げる職務を行います（同条3項）。

① 　取締役の職務の執行の監査および監査報告の作成
② 　株主総会に提出する会計監査人の選任・解任および会計監査人を再任しないことに関する議案の内容の決定
③ 　監査等委員以外の取締役の選任、解任、辞任および報酬等についての監査等委員会の意見の決定

　なお、監査等委員会が上記①の職務を行うに際し、前提となる取締役、使用人等に

対する報告徴収権・業務財産状況調査権や、上記③により決定された意見に関する株主総会での意見陳述権は、監査等委員会が選定する監査等委員（選定監査等委員）が行使することとされています（会 342 条の 2 第 4 項、361 条 6 項、399 条の 3）。

(2) 監査等委員の資格等

ア　資　格

監査等委員は取締役でなければならないとされています（会 399 条の 2 条第 2 項）。また、監査等委員は自社もしくはその子会社の業務執行取締役（代表取締役または取締役会決議で業務を執行する取締役として選定されたものを指す（会 363 条 1 項））もしくは支配人その他の使用人または当該子会社の会計参与もしくは執行役を兼ねることはできないとされています（会 331 条 3 項）。

イ　員数および任期

監査等委員の員数は、3 人以上でその過半数は社外取締役であることが義務づけられています（会 331 条 6 項）。監査等委員は非業務執行者でなくてはなりませんので、監査等委員以外の取締役の中から代表取締役を選定しなければならず、そのため、監査等委員会設置会社には、最低 4 人以上の取締役を置くことになります。なお、監査役会設置会社と異なり、常勤の監査等委員の選定は義務づけられていません。

監査等委員である取締役の任期は、選任後 2 年（監査等委員以外の取締役は 1 年）以内に終了する事業年度のうち、最終のものに関する定時株主総会の終結の時までとなります（会 332 条 1 項・3 項）。

監査等委員の資格等に関する事項については、**監査等委員会設置会社 Q1**（p.10）も参照してください。

2　監査等委員会以外の機関

(1) 取締役会

監査等委員会設置会社における取締役会は、監査役会設置会社と同様に重要な業務執行の決定は取締役会が行い、原則として取締役に委任することはできません。ただし、前述の**本章「第 1 節　監査等委員会設置会社の特徴」**に記載のとおり、取締役の過半数が社外取締役である場合または定款で定めのある場合は、取締役会の決議により、一定の事項を除き、重要な業務執行の決定を取締役に委任できることとしています。

(2) 取締役

監査等委員会設置会社においては、監査等委員である取締役と監査等委員以外の取締役とを区別して選任しなければならず（会 329 条 2 項）、監査等委員である取締役を解任する場合には、株主総会の特別決議が必要とされています（会 309 条 2 項 7 号）。

⑶　会計監査人

　監査等委員会設置会社にあっては、大会社であるかどうかにかかわらず、会計監査人を置かなければならないとされています（会327条5項）。

第3節　監査等委員の独立性

　監査等委員会設置会社においては、以下のとおり、監査等委員の独立性を確保する仕組みを設けています。

　すなわち、監査等委員である取締役は、監査等委員以外の取締役と区別して株主総会で選任されます（会329条2項）。監査等委員会には、監査等委員である取締役の選任に関する議案の提出について同意権があり（会344条の2）、株主総会において監査等委員である取締役の選任等に関して意見を述べることができます（会342条の2第1項）。また、監査等委員である取締役の任期は、独立性を確保するために監査等委員以外の取締役よりも長い期間とする必要があることから2年とされ、定款または株主総会の決議による短縮を認めないこととしています（会332条4項）。

　報酬等についても監査等委員である取締役と監査等委員以外の取締役とを区別して定款または株主総会の決議によって定める必要があり（会361条2項）、監査等委員である取締役は、監査等委員である取締役の報酬等について株主総会において意見を述べることができます（同条5項）。なお、監査等委員である各取締役の報酬等について定款の定めまたは株主総会の決議がない場合は、当該報酬等は、株主総会決議により定められた範囲内において、監査等委員である取締役の協議によって定めることとされています（同条3項）。

第4節　監査体制および監査権限

1　監査体制

　独任制の機関である監査役による監査と異なり、主として内部統制部門を通じ、取締役会の内部組織である監査等委員会が組織的に監査を行うことが想定されています。

　個々の監査等委員の職務は限定されており、したがって、具体的には、監査等委員会が選定する監査等委員が取締役等および子会社に対する報告徴収権や業務財産調査権を有しています（会399条の3第1項・2項）が、監査等委員会が一体となって組織的に監査を行うために、報告徴収・調査に関する事項について監査等委員会の決議が

ある場合はこの決議に従わなければなりません（同条 4 項）。これは、各監査役が独任制の機関としてそれぞれ独立して監査しなければならないのに対し、監査等委員会は組織的に監査を行うことが予定されており、監査等委員会の決議を優先する必要があるためです。

　監査体制に関する事項については、**監査等委員会設置会社 Q2**（p.28）も参照してください。

2　監査権限

　監査等委員会の監査権限は、取締役の職務執行の妥当性にも及びます。これは、①監査等委員会は、その監督権限が妥当性まで及ぶ取締役会の内部機関であること、②監査等委員が取締役であり、取締役として、妥当性のチェックが義務であることから、とりわけ適法性監査に限定する実益はないからであると考えられているからです（そのほか、**監査等委員会設置会社 Q3**（p.33）も参照）。

第 5 節　監督権限

　監査等委員は、取締役会の一員として、会社の業務執行の決定に参加します（会399 条の 13）。また、選定監査等委員は、監査等委員以外の取締役の選任等について決定された監査等委員会の意見の株主総会での陳述権を有しています（会 342 条の 2第 4 項、361 条 6 項）。これらにより、監査等委員会は、監査機能だけでなく、代表取締役等の業務執行取締役に対する監督機能も担っています。

　また、取締役会の監督機能の充実という観点から、自ら業務執行をしない社外取締役を複数（監査等委員については過半数）置くことで、業務執行者に対する監督機能の強化が図られています。

資料編

資料
1

【資料1】　監査役会設置会社における業務監査

業務監査に関する監査役の主な権限

・取締役の職務執行の監査権（会381条1項）
・取締役・使用人に対する報告請求権、業務・財産調査権（会381条2項）
・子会社に対する報告請求権、業務・財産調査権（会381条3項）

権限行使の対象と方法

業務執行体制

取締役（会）

会議への出席等
・取締役会
・経営会議、常務会、その他重要な会議
・取締役社長との定期的面談

稟議書等決裁記録の閲覧

業務監査

連携

内部監査部門

・取締役の指揮・監督下で、会社の業務の適正さを監査
・互いに連携

子会社等

子会社監査役との定期的会合

事業所等

往査
・担当取締役、関係者との面談
・情報・資料の収集

監査役会

・監査役はそれぞれが公正不偏の態度と独立の立場を保持しながら監査を行う
・決議により、職務の分担を定めることも可能

指示　補助

監査役スタッフ

必要に応じて、取締役から独立した補助使用人の設置を求められる

業務監査のねらい

経営の意思決定・業務執行の監査
　取締役が会社の目的の範囲外の行為その他法令もしくは定款に違反する行為をし、またはこれらの行為をするおそれがないか確認
善管注意義務（経営判断原則）違反の有無
・判断の前提となる事実調査に漏れがなかったか
・調査された事実の認識に大きな誤りがなかったか
・会社が特に重視すべき旨を求めた判断要素を重視したか
・経営上の選択が不合理でなかったか
忠実義務違反の有無
・取締役の競業取引、利益相反取引の監視
・無償の利益供与等の監視
内部統制システムの整備状況の監査
　内部統制システムの内容が、法令および会社の規模ならびに事業の内容等と照らして相当であるか

法令・定款違反行為が見つかった場合

次頁へ

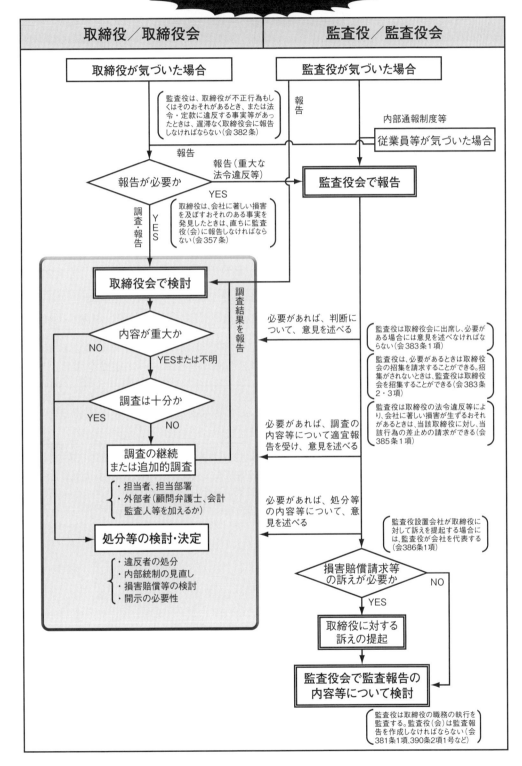

法令・定款に違反する行為があった場合

取締役／取締役会	監査役／監査役会

取締役が気づいた場合

監査役が気づいた場合

監査役は、取締役が不正行為もしくはそのおそれがあるとき、または法令・定款に違反する事実等があったときは、遅滞なく取締役会に報告しなければならない（会382条）

報告

内部通報制度等

従業員等が気づいた場合

報告

報告（重大な法令違反等）

報告が必要か

監査役会で報告

YES

取締役は、会社に著しい損害を及ぼすおそれのある事実を発見したときは、直ちに監査役（会）に報告しなければならない（会357条）

調査・報告

YES

取締役会で検討

調査結果を報告

内容が重大か

NO

YESまたは不明

必要があれば、判断について、意見を述べる

監査役は取締役会に出席し、必要がある場合には意見を述べなければならない（会383条1項）

調査は十分か

YES

NO

監査役は、必要があるときは取締役会の招集を請求することができる。招集がされないときは、監査役は取締役会を招集することができる（会383条2・3項）

調査の継続または追加的調査

必要があれば、調査の内容等について適宜報告を受け、意見を述べる

監査役は取締役の法令違反等により、会社に著しい損害が生ずるおそれがあるときは、当該取締役に対し、当該行為の差止めの請求ができる（会385条1項）

・担当者、担当部署
・外部者（顧問弁護士、会計監査人等を加えるか）

処分等の検討・決定

必要があれば、処分等の内容等について、意見を述べる

監査役設置会社が取締役に対して訴えを提起する場合には、監査役が会社を代表する（会386条1項）

・違反者の処分
・内部統制の見直し
・損害賠償等の検討
・開示の必要性

損害賠償請求等の訴えが必要か

NO

YES

取締役に対する訴えの提起

監査役会で監査報告の内容等について検討

監査役は取締役の職務の執行を監査する。監査役（会）は監査報告を作成しなければならない（会381条1項、390条2項1号など）

資料
2

【資料2】 監査役、監査等委員および監査委員の比較

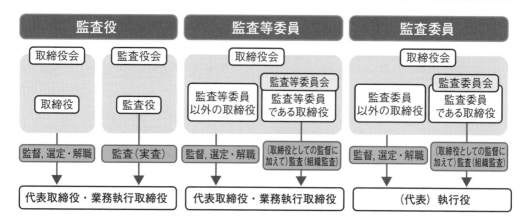

	監査役会	監査等委員会	監査委員会
常勤監査役（委員）	必要	任意	任意
独任制	独任制	―	―
監査手法※	実査	内部統制部門・監査部門と連携した監査	内部統制部門・監査部門と連携した監査
取締役等に対する報告請求権限，業務・財産状況の調査権限の行使	各監査役	監査等委員会が選定する監査等委員	監査委員会が選定する監査委員
監査報告の作成	各監査役が作成した後、監査役会として監査報告を作成	監査等委員会が作成し、各監査等委員は作成しない	監査委員会が作成し、各監査委員は作成しない

※　監査役会を組織する各監査役はそれぞれが独任制の機関であり、各自が単独でその権限を行使し、自ら帳簿を調査するといった実査による監査が予定されています。これに対して、監査等委員会および監査委員会を組織する委員は取締役であり、内部統制システムに関して、その取締役会決議に参加することなどによりその有効性を監視しつつ、システムの一機能である内部統制部門に対する具体的指示を通じて監査することが予定されています。

【資料3】　　　　　　　　　監査日程

公開大会社の決算手続日程（サンプル）

※3月決算会社
※監査役会設置会社・会計監査人設置会社
※有価証券報告書提出会社

スケジュール例		対応内容	詳細
	3月31日	■決算期＝基準日	
	5月4日	■株主提案権行使期限	
8週間前まで（注3）（会303II、305I）	○月○日	■取締役会決議	●事業報告等・計算書類等の内定の件 ○事業報告およびその附属明細書 ○計算書類（注4）およびその附属明細書 ○連結計算書類（注5）
	5月7日	■事業報告等の提出（取締役→各監査役）	○事業報告およびその附属明細書（会436II②）
		■計算書類等の提出（取締役→会計監査人・各監査役）	○計算書類およびその附属明細書（会436II①） ○連結計算書類（会444IV）
事業報告を受領した日から4週間以内（注1）（会規132I、計規130I）	6月3日	■監査役会決議（会規130）（監査役会監査報告の作成）	○事業報告およびその附属明細書に関する監査役会監査報告の作成 （これ以前に各監査役による「監査役監査報告」が監査役会に対して行われる）（会規129、130）
		■監査役会の監査報告の提出（会規132）（特定監査役→特定取締役）	○事業報告およびその附属明細書に関する監査役会監査報告の提出
		■会計監査人の監査報告の提出（計規130）（会計監査人→特定取締役・特定監査役）	●次の書類に関する会計監査報告を提出 ○計算書類およびその附属明細書 ○連結計算書類
1週間以内（注2）（計規132I）	6月9日	■監査役会決議（計規128）（監査役会監査報告の作成）	●次の書類に関する監査役会監査報告の作成 ○計算書類およびその附属明細書 ○連結計算書類 （これ以前に各監査役による「監査役監査報告」が監査役会に対して行われる）（計規127、128）
		■監査役会の監査報告の提出（計規132）（特定監査役→特定取締役・会計監査人）	●次の書類に関する監査役会監査報告の提出 ○計算書類およびその附属明細書 ○連結計算書類
監査終了後（会436III、444V） 3カ月以内（会124II、金商24）	6月11日	■取締役会決議	●事業報告・計算書類等の承認の件 ○事業報告およびその附属明細書（会436III） ○計算書類およびその附属明細書（会436III） ○連結計算書類（会444V） ●定時株主総会招集の件（会298I・IV、会規63） ○日時・場所等 ○議題・議案等
	6月15日	■定時株主総会招集通知の発送（会299）	
2週間以上前（会299I、442I・II）	6月15日	■事業報告等・計算書類等の備置（会442 I・II）	○事業報告およびその附属明細書 ○計算書類およびその附属明細書
	6月30日	■定時株主総会	○定時株主総会終了後、実務的には、決議通知を発信 ○定時株主総会終了後、株主総会議事録の備置（会318II・III） ○定時株主総会終了後、有価証券報告書の提出（金商24） ○定時株主総会終了後、商業登記の申請（会915、930）

（注1）附属明細書の提出から1週間が経過した日または特定取締役・特定監査役（会計監査報告の場合は会計監査人も含む）で合意した日のいずれかの日のほうが遅い場合は、当該いずれかの日まで
（注2）特定取締役・特定監査役で合意した日のほうが遅い場合は、当該日まで
（注3）定款で8週間を下回る期間を定めた場合は、当該期間
（注4）計算書類：貸借対照表、損益計算書、株主資本等変動計算書、個別注記表
（注5）連結計算書類：連結貸借対照表、連結損益計算書、連結株主資本等変動計算書、連結注記表

【資料4】 社外監査役

1．社外監査役の要件

次の表のいずれかに該当する場合は社外監査役になることができません。また、網掛けの場合は監査役の兼任が禁止されています。

「過去」とはその就任の前10年間をいいます。

		取締役	執行役	会計参与	支配人その他の使用人	監査役	近親者
自社	現在	335②		333③Ⅰ	335②		2 XVI ホ
	過去	2 XVI イ				2 XVI ロ（注1）	
子会社	現在	335②				2 XVI ロ（注1）	
	過去	2 XVI イ					
親会社等	現在のみ	2 XVI ハ	2 XVI ハ	333③Ⅰ	2 XVI ハ	2 XVI ハ	2 XVI ハ・ホ
兄弟会社	現在のみ	2 XVI ニ（注2）			2 XVI ニ		

（注1）当該監査役への就任前の10年間
（注2）取締役においては業務執行取締役のみ

2．独立役員の要件

上場会社では、独立役員を1名以上確保することが義務づけられています（上場規程436条の2）。

独立役員とは、一般株主と利益相反が生じるおそれのない社外取締役（会社法2条15号に規定する社外取締役であって、会社法施行規則2条3項5号に規定する社外役員に該当する者）または社外監査役（会社法2条16号に規定する社外監査役であって、会社法施行規則2条3項5号に規定する社外役員に該当する者）をいいます。

東京証券取引所では、一般株主と利益相反の生じるおそれがあると判断する場合の判断要素（独立性基準）を規定しており、下記に該当する者は、独立役員として届け出ることができません（上場管理等に関するガイドラインⅢ5．（3）の2）。

A.	上場会社を主要な取引先とする者またはその業務執行者
B.	上場会社の主要な取引先またはその業務執行者
C.	上場会社から役員報酬以外に多額の金銭その他の財産を得ているコンサルタント、会計専門家または法律専門家（当該財産を得ている者が法人、組合等の団体である場合は、当該団体に所属する者をいう。）
D.	最近においてA、BまたはCに掲げる者に該当していた者
E.	就任の前10年以内のいずれかの時において次の（A）から（C）までのいずれかに該当していた者 （A）上場会社の親会社の業務執行者または業務執行者でない取締役 （B）上場会社の親会社の監査役（社外監査役を独立役員として指定する場合に限る。） （C）上場会社の兄弟会社の業務執行者
F.	次の（A）から（H）までのいずれかに掲げる者（重要でない者を除く。）の近親者 （A）Aから前Eまでに掲げる者 （B）上場会社の会計参与（当該会計参与が法人である場合は、その職務を行うべき社員を含む。以下同じ。）（社外監査役を独立役員として指定する場合に限る。） （C）上場会社の子会社の業務執行者 （D）上場会社の子会社の業務執行者でない取締役または会計参与（社外監査役を独立役員として指定する場合に限る。） （E）上場会社の親会社の業務執行者または業務執行者でない取締役 （F）上場会社の親会社の監査役（社外監査役を独立役員として指定する場合に限る。） （G）上場会社の兄弟会社の業務執行者 （H）最近において前（B）～（D）または上場会社の業務執行者（社外監査役を独立役員として指定する場合にあっては、業務執行者でない取締役を含む。）に該当していた者

【資料5】　株式会社の種類と機関設計

〈株式会社の機関設計の選択肢〉
＊いずれの機関設計であっても株主総会・取締役は必置（295・296・326①）

Ⅰ　公開会社・大会社

①	取締役会 （327①）※	監査役会 （328①）	会計監査人 （328①②、327⑤）
②		監査等委員会	
③		指名委員会等	

※上場会社は、監査役会、監査等委員会または指名委員会等のいずれかを設置しなければならない（東証上場規程437①（2））。

Ⅱ　公開会社・非大会社

④	取締役会 （327①）※	監査役 （327②③）	会計監査人 （328①②、327⑤）
⑤		監査役会 （328①）	
⑥		監査等委員会	
⑦		指名委員会等	

上記①〜③の機関設計も可

※上場会社は、監査役会、監査等委員会または指名委員会等のいずれかを設置しなければならない（東証上場規程437①（2））。

Ⅲ　非公開会社・大会社

⑧	取締役	監査役 （327②③）	会計監査人 （328①②、327⑤）
⑨	取締役会 （327①）	監査役会 （328①）	
⑩		監査等委員会	
⑪		指名委員会等	

上記①〜③の機関設計も可

Ⅳ　非公開会社・非大会社

⑫	取締役	取締役
⑬		監査役（会計監査限定）（389①）
⑭		監査役（327②③）
⑮	取締役会 （327①）	会計参与 （327②但書）
⑯		監査役（会計監査限定）（389①）

上記①〜⑪の機関設計も可

（田中亘『会社法［第3版］』（東京大学出版会・2021）150頁（図表4-3）を参考に作成）

〈ガバナンス体制図〉

監査役会設置会社	監査等委員会設置会社	指名委員会等設置会社

監査役会設置会社
株主総会
選任・解任 → 取締役会 / 選任・解任 → 監査役会
取締役会：取締役・取締役・社外取締役　監査 ← 監査役会：監査役
監督／選任・解任 → 代表取締役
監査役会：社外監査役・社外監査役

監査等委員会設置会社
株主総会
選任・解任 → 取締役会 / 選任・解任
取締役会：取締役・取締役・社外取締役　監査等委員会：取締役
監査・監督 ← 監査等委員会
監督／選任・解任 → 代表取締役
監査等委員会：社外取締役・社外取締役

指名委員会等設置会社
株主総会
選任・解任 → 取締役会　選任・解任 → 執行役
取締役会：指名委員会・取締役・社外取締役／監査委員会・取締役・社外取締役／報酬委員会・取締役・社外取締役
執行役：代表執行役／執行役・執行役・執行役
監督

〈取締役会関係〉

	監査役会設置会社	監査等委員会設置会社	指名委員会等設置会社
役割・機能	・重要な業務執行の決定 ・取締役の職務執行の監督 ・取締役候補者を決議 ・代表取締役・業務執行取締役の選定・解職	・重要な業務執行の決定 ・取締役の職務執行の監督 ・取締役候補者を決議（監査等委員会で意見可） ・代表取締役・業務執行取締役の選定・解職	・重要な業務執行の決定 ・執行役の職務執行の監督 ・執行役の選任・解任 （・指名委員会が取締役候補者を決議）
重要な業務執行の決定の委任	・代表取締役や業務執行取締役に委任できない ・取締役会の決議により、①重要な財産の処分および譲受、②多額の借財については、特別取締役に委任可能（取締役会の構成により制限あり）	・取締役の過半数が社外の場合、または定款の定めがある場合、一部の事項を除き広く取締役に委任が可能	・一部の事項を除き、広く執行役に委任可能
取締役の任期	・2年（定款または株主総会の決議により短縮可能。非公開会社は定款により10年まで伸長可能）	・監査等委員の取締役は2年（ただし短縮および伸長はいずれも不可） ・監査等委員以外の取締役は1年（任期の短縮は可能。ただし伸長は不可）	・1年（任期の短縮は可能。ただし伸長は不可）
社外取締役	・上場会社等（監査役会設置会社（公開会社かつ大会社）で有価証券報告書提出会社でない会社を除く）は1人以上の社外取締役選任を義務づけ	・監査等委員である取締役は3人以上で、その過半数は社外取締役でなければならない	・各委員会は3人以上の取締役で構成され、その過半数は社外取締役でなければならない
報酬の決定	・定款または株主総会の決議で決定	・定款または株主総会の決議で決定 ・監査等委員である取締役とそれ以外の取締役の報酬は区別して定めなければならない ・監査委員等である取締役は株主総会で、監査等委員である取締役の報酬等について意見を述べることができる	・報酬委員会が決定

〈監査機能関係〉

	監査役会設置会社	監査等委員会設置会社	指名委員会等設置会社
監査主体	・監査役（会）	・監査等委員会（各監査等委員にも一定の権限）	・監査委員会（各監査委員にも一定の権限）
役割・機能	・取締役会の外に置かれた、取締役会から独立した機関である ・監査役は独任制の機関であり、各自が単独でその権限を行使できる	・適法性のみならず妥当性や効率性も監査の対象 ・内部統制・監査部門と連携して監査を行う ・監査等委員でない取締役の選任・解任・辞任・報酬について総会での意見陳述権あり	・適法性のみならず妥当性や効率性も監査の対象 ・内部統制・監査部門と連携して監査を行う
選解任	・監査役として 選任：株主総会普通決議 解任：株主総会特別決議	・監査等委員である取締役として 選任：株主総会普通決議 解任：株主総会特別決議 ※他の取締役とは区別して選任	・取締役として 選任：株主総会普通決議 解任：株主総会普通決議 ・監査委員として 選定：取締役会決議 解職：取締役会決議
任期	・4年（定款による短縮不可） ※非公開会社の場合定款により10年まで伸長可	・2年（定款による短縮不可）	・1年
常勤者	・監査役会設置会社の場合、必要	・不要	・不要
社外監査役 社外取締役	・監査役会設置会社の場合、監査役は3人以上で、かつそのその半数以上は社外監査役でなければならない	・監査等委員である取締役は3人以上で、その過半数は社外取締役でなければならない	・監査委員会は3人以上の取締役で構成され、その過半数は社外取締役でなければならない
報酬の決定	・定款または株主総会の決議で取締役の報酬とは別枠で決定	・定款または株主総会の決議で他の取締役の報酬とは別枠で決定	・報酬委員会が他の取締役の報酬と同様に決定

【資料6】 **取締役の機能・権限の基本的事項**

取締役の機能・権限（取締役会設置会社の場合）		
意思決定	取締役会の決議を通じて会社の意思決定に参加する	
業務執行	取締役が代表取締役に選定された場合には、会社を代表するとともに、対外的、対内的な業務執行を行う。代表取締役以外の取締役も、業務を執行する取締役として取締役会決議により選定されたものは、業務執行取締役として業務執行を担う	
監視・監督	取締役会のメンバーとして、代表取締役および他の業務執行取締役の業務執行を監督する義務を負う（取締役会は、会社の業務執行を決定するとともに、取締役の職務の執行を監督する）。	
取締役の種類と機能・権限	代表取締役 （登記事項）	取締役会で決定された事項を実際に執行するとともに、日常業務を決定し、対外的に会社を代表して行為する
	特別取締役 （登記事項。なお、指名委員会等設置会社や、監査等委員会設置のうち重要な業務執行の決定を取締役に委任することができる会社は置くことができない）	取締役会を開かなくても、重要財産の処分に関する事項などについて、決議することができる
	社外取締役 （指名委員会等設置会社または監査等委員会設置会社等、社外取締役の選任が法律上の要件とされている制度を採用する場合は登記事項）	通常、業務執行取締役への助言や監督が期待されている
	業務執行取締役 （登記事項）	取締役会で決定された事項を実際に執行する。業務執行権限の内容は取締役会において決定される

【資料7】　会社法において取締役が負う義務・責任

	<取締役の義務>		
	項目	内容	免除・その他
職務執行上の義務	善管注意義務（330、民644）	株式会社に対して善良な管理者の注意をもって、その職務を行う義務を負う	
	内部統制システムの整備義務（348③Ⅳ、362④Ⅵ・⑤、399の13①Ⅰハ・②、416①Ⅰホ・②）	取締役（または執行役）の職務執行が法令および定款に適合することを確保するための体制、その他株式会社の業務、ならびに当該株式会社およびその子会社からなる企業集団の業務の適正を確保するために必要なものとして法務省令（会規98、100、110条の4②、112②）で定める体制を整備し、決定しなければならない	・大会社である監査役（会）設置会社、監査等委員会設置会社、指名委員会等設置会社に限る
	忠実義務（355）	法令および定款ならびに株主総会の決議を遵守し、株式会社のために忠実にその職務を行わなければならない	
	競業および利益相反取引の制限（356、365）	①自己または第三者のために株式会社の事業の部類に属する取引をしようとするとき、②自己または第三者のために株式会社と取引をしようとするとき、③取締役の債務を保証すること、その他利益が相反する取引をしようとするときは、株主総会（取締役会設置会社においては取締役会）において当該取引につき重要な事実を開示し、その承認を受けなければならない	・承認を受けていない競業取引については、賠償額は自己または第三者が得た利益の額と推定される（423②）・利益相反取引については、当該行為を行った取締役、株式会社が当該取引をすることを決定した取締役、当該取引に関する取締役会の承認決議に賛成した取締役は、任務懈怠が推定される（423③）。ただし、監査等委員会設置会社において、監査等委員会の承認を受けたときを除く（423④）・自己のために利益相反取引を行った取締役は無過失責任（428）
	報告義務（357）	株式会社に著しい損害を及ぼすおそれのある事実があることを発見したときは、ただちに当該事実を株主（監査役設置会社にあっては監査役、監査役会設置会社にあっては監査役会、監査等委員会にあっては監査等委員会）に報告しなければならない	
	職務執行報告義務（363②）	3カ月に1回以上、自己の職務の執行の状況を取締役会に報告しなければならない	
株主総会での説明義務	全部取得条項付種類株式の取得に関する説明義務（171③）	全部取得条項付種類株式の全部を取得することを決議する株主総会において、当該取得することを必要とする理由を説明しなければならない	
	株式の併合に関する説明義務（180④）	株式の併合を決議する株主総会において、当該株式の併合を必要とする理由を説明しなければならない	
	単元株式数を定める場合の説明義務（190）	単元株式数を定める定款の変更を決議する株主総会において、当該単元株式数を定めることを必要とする理由を説明しなければならない	

	項目	内容	免除・その他
	株式および新株予約権を有利発行する場合の説明義務（199③、200②、238③、239②）	募集事項を決議する株主総会において、募集株式および新株予約権の払込金額がこれを引き受ける者にとくに有利であるときは、当該払込金額でその者の募集をすることを必要とする理由を説明しなければならない	
	株主からの求めに対する説明義務（314）	株主総会において、株主から特定の事項について説明を求められたときは、当該事項について必要な説明をしなければならない	・当該事項が株主総会の目的である事項に関しないものである場合、その説明をすることにより株主の共同の利益を著しく害する場合、および法務省令（会規71）で定める場合はこの限りではない
	報酬に関する説明義務（361④）	取締役の報酬について、会社法361条1項各号に掲げる事項を定め、またはこれを改定することを決議する株主総会において、当該事項を相当とする理由を説明しなければならない	・監査役会設置会社（公開会社かつ大会社）であって、有価証券報告書提出義務がある会社または監査等委員会設置会社は、取締役会において取締役の個人別の報酬等の内容についての決定に関する方針を定めなければならない（361⑦） ・上記の場合において、取締役の個人別の報酬等の内容が定款または株主総会の決議により定められているときは、適用外（361⑦但書）

＜取締役の責任＞

	項目	内容	免除・その他
会社に対する責任	現物出資財産等に関する財産価格補填責任（52、213、286）	設立や新株発行・新株予約権行使において、現物出資財産等の価格が著しく不足する場合、当該不足額について支払う義務を負う	・検査役の調査を経た場合、またはその職務を行うにつき注意を怠らなかったことを証明した場合は免除（ただし、募集設立の場合は検査役の調査を経た場合のみ免除。103①）
	仮装払込に関する財産価格補填責任（52の2、103、213の3、286の3）	設立、新株発行や新株予約権発行・行使において、出資の履行を仮装した場合、仮装した払込金額を支払う義務を負う	・その職務を行うにつき注意を怠らなかったことを証明した場合は免除
	設立時責任（53）	株式会社の設立についてその任務を怠ったときは、これによって生じた損害を賠償する責任を負う	・連帯責任（54） ・総株主の同意があれば免除（55）
	違法な財産上の利益供与に対する責任（120④）	株式会社が株主の権利行使に関する財産上の利益供与の禁止（120①）に違反して利益の供与をしたときは、供与した利益の相当額を支払う義務を負う	・総株主の同意があれば免除（120⑤）
	任務懈怠責任（423①）	任務を怠ったときは、株式会社に対し、これによって生じた損害を賠償する責任を負う	・総株主の同意により免除（424） ・当該行為を行った取締役が職務を行うにつき善意でかつ重大な過失がない場合には株主総会の特別決議によって一部（最低責任限度額を超える部分を限度とする）を免除（425） ・職務を行うにつき善意でかつ重大な過失がない場合において、特に必要と認めるときは、取締役会決議によって一部

			（最低責任限度額を超える部分を限度とする）免除することができる旨を定款で定めることができる（426） ・職務を行うにつき善意でかつ重大な過失がない場合には定款で定めた額の範囲内であらかじめ定めた額と最低責任限度額とのいずれか高い額を限度とする旨の契約（責任限定契約）を締結することができる旨を定款で定めることができる（427）
	違法配当に対する責任（462①）	会社法461条2項に定める分配可能額を超えて、自己株式の取得、剰余金の配当等をした場合、当該行為を行った取締役は株式会社に対して、当該行為により金銭等の交付を受けた者と連帯して交付を受けた金銭等の帳簿価格に相当する金銭を支払う義務を負う	・その職務を行うにつき注意を怠らなかったことを証明した場合は支払義務を負わない（462②） ・行為時の分配可能額を限度として総株主の同意により免除（464③）
	買取請求に応じて株式を取得した場合の責任（464①）	株式譲渡制限を付す定款変更等の一定の事項に関する反対株主の買取請求に応じて株式を取得する場合において、当該請求をした株主へ支払った金額が分配可能額を超えるときは、株式会社に対し連帯して、超過額を支払う義務を負う	・その職務を行うにつき注意を怠らなかったことを証明した場合は支払義務を負わない（464①） ・総株主の同意により免除（464②）
	欠損が生じた場合の責任（465①）	自己株式の取得、剰余金の配当など会社法465条1項各号に掲げる行為をした場合において、その直後の計算書類承認時に分配可能額がマイナスとなったときは、株式会社に対し連帯して、欠損額を支払う義務を負う	・その職務を行うにつき注意を怠らなかったことを証明した場合は支払義務を負わない（465①） ・総株主の同意により免除（465②）
第三者に対する責任	任務懈怠責任（429①）	悪意または重大な過失があったときは、これによって第三者に生じた損害を賠償する責任を負う	
	虚偽記載責任（429②）	法定の重要な事項についての虚偽の記載または記録等によって第三者に生じた損害を賠償する責任を負う	・その行為をすることにつき注意を怠らなかったことを証明した場合は支払義務を負わない（429②但書）
その他	連帯責任（430）	役員等が株式会社または第三者に生じた損害を賠償する責任を負う場合において、他の役員等も当該損害を賠償する責任を負うときは、これらの者は連帯債務者とする	

【資料 8】　　　　　　　　　　**役員等の責任減免**

責任の減免方法	対象役員	必要な手続
総株主の同意による免除	取締役、執行役、監査役、会計監査人	―
株主総会の特別決議による事後的な一部免除	取締役、執行役、監査役、会計監査人	①監査役等の同意 責任免除に関する議案を株主総会に提出するには、監査役（会社が監査等委員会設置会社の場合は監査等委員、指名委員会等設置会社の場合は監査委員）全員の同意を得なければなりません（会 425 条 3 項）。 ②株主総会への開示 取締役は、(1)責任の原因事実および賠償責任額、(2)免除の限度額およびその算定の根拠、(3)責任を免除すべき理由および免除額を株主総会に開示しなければなりません（会 425 条 2 項）。
定款規定に基づく取締役会決議による事後的な一部免除	取締役、執行役、監査役、会計監査人	①登記 取締役会決議により取締役の責任免除ができる旨の定款の定めを登記しなければなりません（会 911 条 3 項 24 号）。 ②監査役等の同意 取締役の責任免除を規定する定款変更の議案を株主総会に提出する場合および定款の規定に基づく責任免除の議案を取締役会に提出する場合には、監査役（監査等委員会設置会社の場合は監査等委員、指名委員会等設置会社の場合は監査委員）全員の同意を得なければなりません（会 426 条 2 項、425 条 3 項）。 ③株主に対する通知 定款の規定に基づき取締役会において責任免除決議をした場合、取締役は、遅滞なく、(1)責任の原因事実および賠償責任額、(2)免除の限度額およびその算定の根拠、(3)責任を免除すべき理由および免除額、ならびに異議があれば一定期間（1 ヵ月以上）内に当該異議を述べるべき旨を公告し、または株主に個別に通知しなければなりません（会 426 条 3 項）。なお、総株主の議決権の 100 分の 3（これを下回る割合を定款で定めた場合には、その割合）以上の議決権を有する株主が当該期間内に異議を述べたときは、会社は責任免除をすることができません（同条 7 項）。

| 非業務執行取締役等に関する定款に基づく事前の責任限定契約 | 業務執行取締役等でない取締役、監査役、会計監査人 | ①登記
非業務執行取締役等と責任限定契約を締結することができる旨の定款の定めを登記しなければなりません（会911条3項25号）。
②監査役等の同意
非業務執行取締役等と責任限定契約を締結できる旨の定款変更の議案を株主総会に提出する場合、監査役（監査等委員会設置会社の場合は監査等委員、指名委員会等設置会社の場合は監査委員）全員の同意を得なければなりません（会427条3項、425条3項）。
③株主総会への開示
責任限定契約を締結した会社が、契約の相手方である非業務執行取締役等の任務懈怠により損害を受けたことを知った場合、(1)責任の原因事実および賠償責任額、(2)免除の限度額およびその算定の根拠、(3)責任限定契約の内容および契約を締結した理由、(4)任務懈怠により生じた損害のうち当該非業務執行取締役等が賠償責任を負わないとされた額を、その後最初に招集される株主総会において開示しなければなりません（会427条4項）。 |

【資料9】　　　　補償契約、D&O保険

契約の種類	対象役員	締結後の責任額	手続	その他・監査役の同意等
補償契約	取締役 執行役 監査役 会計監査人	・補償金額控除額 ※補償の範囲 ・①法令の規定に違反したことが疑われ、または責任の追及に係る請求を受けたことに対処するために支出する費用（防御費用）の全部または一部 ・②第三者に生じた損害を賠償する責任を負う場合における損失（損害賠償金または和解金）の全部または一部（会430条の2第1項1号・2号）	・内容の決定は取締役会決議（取締役会非設置会社については株主総会普通決議）（会430条の2第1項） ・契約にもとづく補償後、補償をした取締役および補償を受けた取締役は、遅滞なく補償に係る重大な事実を取締役会に報告（会430条の2第4項）	・①のうち通常要する費用の額を超える部分については補償不可（会430条の2第2項1号） ・②のうち任務懈怠責任を負うときは、当該責任に係る部分について補償不可（会430条の2第2項2号） ・②のうち悪意または重過失があったときは補償不可（会430条の2第2項3号） ・契約相手方が自己もしくは第三者の利益を図り、または会社に損害を加える目的であったことを知ったときは、①で補償した金額に相当する金銭を返還を請求することができる（会430条の2第3項） ・利益相反取引規制の対象外（会430条の2第6項）
役員等賠償責任保険契約（D&O保険）	取締役 執行役 監査役 会計監査人	・保険金額控除額 ※保険の範囲 ・会社が保険者との間で締結する保険契約のうち、責任を負うことまたは責任の追及に係る請求を受けることによって生ずることのある損害を保険者が補填することを約するものであって、役員等を被保険者とするもの（いわゆるPL保険や自動車賠償責任保険等を除く）（会430条の3第1項）	・内容の決定は取締役会決議（取締役会非設置会社については株主総会普通決議）（会430条の3第1項）	・利益相反取引規制の対象外（会430条の2第6項）

【資料 10】 会社法に基づく取締役・監査役の主な罰則一覧

条項	罪名	要件	罰則
会 960 条	特別背任罪	取締役等が、自己もしくは第三者の利益を図り、または会社に損害を加える目的で、その任務に背く行為をして、会社に財産上の損害を与えた	10 年以下の懲役または 1,000 万円以下の罰金
会 961 条	代表社債権者等の特別背任罪	代表社債権者等が、自己もしくは第三者の利益を図り、または社債権者に損害を加える目的で、その任務に背く行為をして、社債権者に財産上の損害を与えた	5 年以下の懲役または 500 万円以下の罰金
会 962 条	特別背任罪等未遂罪	会社法 960 条、961 条の未遂罪	
会 963 条	会社財産を危うくする罪	取締役等が、現物出資等に係る裁判所・総会に対する虚偽申述・事実隠蔽、自己株式の不正取得、違法配当、会社の目的の範囲外の投機取引のために会社財産を処分した	5 年以下の懲役または 500 万円以下の罰金
会 964 条	虚偽文書行使等の罪	株式・社債等の募集・売出しにあたり重要な事項に虚偽の記載のある文書等を行使した	5 年以下の懲役または 500 万円以下の罰金
会 965 条	預合いの罪	取締役等が、株式の発行に係る払込みを仮装するため預合いを行った	5 年以下の懲役または 500 万円以下の罰金
会 966 条	株式の超過発行の罪	取締役等が、会社が発行できる株式の総数を超えて株式を発行した	5 年以下の懲役または 500 万円以下の罰金
会967条1項	取締役等の収賄罪	取締役等が、その職務に関して、不正の請託を受け、財産上の利益を収受し、または要求もしくは約束をした	5 年以下の懲役または 500 万円以下の罰金
会967条2項	取締役等に対する贈賄罪	会社法 967 条 1 項の利益を供与し、またはその申込みもしくは約束をした	3 年以下の懲役または 300 万円以下の罰金
会968条1項	株主等の権利の行使に関する収賄罪	株主総会等での発言や議決権の行使に関して、不正の請託を受け、財産上の利益を収受し、または要求もしくは約束をした	5 年以下の懲役または 500 万円以下の罰金
会968条2項	株主等の権利の行使に関する贈賄罪	会社法 968 条 1 項の利益を供与し、またはその申込みもしくは約束をした	5 年以下の懲役または 500 万円以下の罰金

条項	罪名	要件	罰則
会969条	賄賂の没収・追徴	会社法967条、968条の場合、収受された利益は没収する。その全部または一部を没収できない場合は価額追徴	
会970条	株主等の権利行使に関する利益供与の罪	取締役等が、株主の権利、会社に係る適格旧株主の権利、または会社の最終完全親会社等の株主の権利の行使に関して会社または子会社の計算において財産上の利益を供与した等	3年以下の懲役または300万円以下の罰金等
会971条	国外犯の処罰	取締役等の特別背任罪、会社財産を危うくする罪等について国外犯についても処罰する	
会973条	業務停止命令違反の罪	電子公告調査の業務の停止命令に違反した	1年以下の懲役または100万円以下の罰金
会974条	虚偽届出等の罪	電子公告調査機関が虚偽の届出や調査記録簿等に記載せず、または虚偽の記載等をした	30万円以下の罰金
会976条～979条	過料に処せられる行為	登記懈怠、公告・通知違反、説明義務違反、閲覧等拒否、検査・調査妨害、虚偽申述、事実隠蔽、商号の不正使用等	100万円以下の過料(ただし、会社成立前に当該会社の名義を使用して事業をした者等は、会社設立の登録免許税相当額)

※会社法960条から965条および973条の場合、懲役と罰金の両方を併科することができる。

※「取締役等」とあるのは監査役も含まれる。

【資料 11】　　　　　監査役をめぐる裁判例

　監査役をめぐる裁判例については公刊された事例は少ないのですが、監査役の責任を認める裁判例も散見されています。

　会社法の改正やコーポレートガバナンス・コードの改訂を受けて、今後ますます、内部統制やリスク管理体制の適切な整備が求められることになります。そこで、取締役の職務執行を監査する過程における善管注意義務や任務懈怠が問題とされる場面において、監査役として職責を果たすうえで参考となる裁判例を紹介します。

　裁判例1・2が、監査役の選任・兼任をめぐる事例、裁判例3以降が、監査役の責任（善管注意義務違反等）が認められた事例です。

裁判例1

監査対象期間のうち未就任期間のあった監査役に対し、未就任期間中は同社の取締役であったことから、この間の監査はいわゆる自己監査であり監査適格を欠くとして、定時株主総会における貸借対照表および損益計算書の承認決議の取消しが求められた事案。

> 最判昭62・4・21 商事法務1110号79頁、資料版商事法務38号98頁
> 原　審：東京高判昭61・6・26 資料版商事法務29号44頁、判時1200号154頁
> 第1審：東京地判昭61・1・28 商事法務1066号38頁、資料版商事法務23号43頁、
> 　　　　判時1189号113頁

【結　果】

　上告棄却

【裁判所の判断】

　「商法276条〔注：会社法335条2項〕は、『監査役ハ会社又ハ子会社ノ取締役又ハ支配人其ノ他ノ使用人ヲ兼ヌルコトヲ得ズ』と規定するのみで、会社の取締役又は支配人その他の使用人を監査役に選任することを禁止しておらず、また、同法273条〔注：会社法336条〕が監査役の任期と監査対象期間の一致を要求していないことからすれば、同法は、いわゆる自己監査が必ずしも望ましくない点に留意しつつ、なおかつこれを許容する趣旨であると解すべきである。営業年度の途中で招集された株主総会においてそれまで取締役であった者が退任して新に監査役に選任された場合には、その監査役は、自己が取締役であった期間についても自己を含む取締役全員の職務の執行を監査することとなるが、取締役であった者が立場を変えて心機一転監査役の立場で過去の取締役としての職務執行を事後監査することは可能であり、そのような要請をすること

はなんら不可能を強いるものではなく（なお、実質的に見ると、監査役に就任する直前までその会社の取締役であった者は、会社の最近の実情に通じているため、かえって外部から監査役に選任された者よりも有効な監査ができる長所をもつことも考えられる）、取締役であった者を監査役に選任するかどうかは株主総会の判断に委ねるべき事項であって、株主総会において営業年度の途中で選任直前まで取締役の地位にあった者を監査役に選任したとしても、右選任が違法であるとはいえない。」
として、承認決議の取消事由となるとは認められないとされた。

裁判例2

定時株主総会において選任決議された監査役が、当該会社の顧問弁護士であることが、商法276条にいう「使用人」にあたるとして、当該選任決議の無効確認が求められた事案。

（
最判平元・9・19 商事法務 1203 号 11 頁、資料版商事法務 69 号 37 頁、判時 1354 号 149 頁
原　審：大阪高判昭 61・10・24 資料版商事法務 69 号 35 頁
第 1 審：神戸地判昭 61・3・24 資料版商事法務 69 号 34 頁
）

【結　果】

上告棄却

【裁判所の判断】

「株式会社の監査役は会社又は子会社の取締役又は支配人その他の使用人を兼ねることができないものとされているが（商法 276 条〔注：会社法 335 条 2 項〕）、監査役に選任される者が兼任の禁止される従前の地位を辞任することは、株主総会の監査役選任決議の効力発生要件ではないと解するのが相当である。けだし、商法 276 条は監査役の欠格事由を定めたものではないと解すべきであるのみならず、監査役選任の効力は、株主総会における選任決議のみで生ずるものではなく、被選任者が就任を承諾することによって発生するものというべきであって、会社又は子会社の取締役又は支配人その他の使用人の地位にある者を監査役に選任する場合においても、その選任の効力が発生する時点までに取締役等の地位を辞任していれば、右兼任禁止規定に触れることにはならないからである。そして、監査役に選任された者が就任を承諾したときは、監査役との兼任が禁止される従前の地位を辞任したものと解すべきであるが、仮に監査役就任を承諾した者が事実上従前の地位を辞さなかったとしても、そのことは、監査役の任務懈怠による責任（商法 277 条、280 条 1 項、266 条ノ 3 第 1 項〔注：会社法 423 条、429 条 1 項〕）の原因となりうるのは格別、総会の選任決議の効力に影響を及ぼすものではないというべきである。そうすると、弁護士を監査役に選任する旨の本件総会決議は、会社の顧問弁護士が商法 276 条によって兼任の禁止される地位に当たると否とにかかわりなく、

有効であるというべきである」。

　ところで、商法276条の「使用人」にあたるかどうかについては、原審において、「一般に、独立した自己の職業として、会社等との契約に基き、訴訟行為等の法律事務を受任し、あるいは顧問弁護士として会社等の役職員らからの法律相談に応じ、法律専門家としての自己の判断と責任において、受任した事務を処理しあるいは法律上の意見を述べるものであって、会社の業務自体を行うものではなく、もとより業務執行機関に対し継続的従属的関係にある使用人の地位につくものでもないから、このような弁護士が会社の監査役に就任した場合においても、同人がその会社の組織機構の一員となり業務執行機関の指揮命令を受けるべき立場におかれるに至った場合、もしくはこれに準じてその会社に専属すべき拘束を受けている場合などの、特段の事情のない限り、右就任の事実だけから、直ちに商法276条に違反するということはできない」
としたうえで、本件においては、特段の事情がないとされた。

　なお、商法276条の規定が、弁護士の資格を有する監査役が特定の訴訟事件につき会社から委任を受けてその訴訟代理人となることまで禁止するものではないとされた事例として、最判昭61・2・18（民集40巻1号32頁、判時1185号151頁）がある。

裁判例3

会社更生手続開始直前3年間の各決算期に粉飾して利益を計上し、配当可能利益がないにもかかわらず、違法配当および納税を実施したことにつき、当時の取締役・監査役らに対し、損害賠償が請求された事案。

　　　　（東京地決昭52・7・1判時854号43頁）

【結　果】

　請求認容、確定

【裁判所の判断】

　「監査役の地位にあった被申立人らは、その任務を怠り、各期の定時株主総会において……議案（粉飾決算に基づく違法配当、違法役員賞与支払い、過大申告に基づく税金納付を含む）が適法、且つ、正確である旨を報告した」との事実を認めたうえで、更生会社に対し、取締役・監査役が連帯して35億7,410万876円の損害賠償およびこれに対する遅延損害金の支払いを認めた。

裁判例4

銀行ニューヨーク支店の証券ディーラーの無断取引による同銀行の損失につき、取締役および監査役の会社（銀行）に対する賠償責任を追及する株主代表訴訟に関する担保提

供が申し立てられた事案。

$$\left(\begin{array}{l}\text{大阪高決平９・12・８資料版商事法務166号145頁}\\\text{原　審：大阪地決平９・４・18資料版商事法務158号54頁}\end{array}\right)$$

【結　果】

原決定取消・申立却下、特別抗告

【裁判所の判断】

まず、監査役の会社に対する責任の要件事実ないし請求原因については、

「監査役の会社に対する責任は前示取締役の責任と同じく会社に対する任務懈怠による債務不履行責任であり、このことは法文上一層明らかである（商法277条〔注：会社法423条〕）。そして、資本の額が１億円を超える会社（本件会社の資本金は2,070億7,566万7395円）の監査役の任務は、会計監査のみならず業務監査にも及ぶ（商法274条〔注：会社法381条〕）。

業務監査については、代表取締役等の業務執行者の行為に疑いがあると否とを問わず、常に業務執行者を監視し、業務執行に不正かつ違法な点または違法行為をなすおそれがあることを発見したときは、取締役会に報告し、必要があるときは取締役会の招集を求め、あるいは自ら招集し、適切な措置を執る義務がある。要するに、監査役も代表取締役等業務執行部門ないし経営陣の業務執行につき一般的監視義務を負う」とし、

「監査役の業務監査義務に基づく監視義務違反懈怠による会社に対する責任の請求原因事実は、それ故に、次のとおり取締役の監視義務違反の場合とほぼ同様である。(1)監査役であること、(2)代表取締役等執行部門ないし経営陣の任務懈怠の具体的態様、(3)監査役が取締役に対する業務監視義務を怠ったこと、(4)損害の発生、(5)監視義務違反と損害との相当因果関係、以上の要件が必要である。」

としたうえ、「（本件請求原因が）主張自体失当であるとか、事実的、法律的根拠を欠き、これを知りながら訴えを提起しているなど前示『悪意』の要件を具備しているとはいえない。」として、原決定を取り消し、申立てを却下した（なお、大阪高決平９・11・18資料版商事法務165号298頁、判時1628号133頁参照）。

裁判例5

銀行ニューヨーク支店の行員が過去11年間に無断取引を約３万回繰り返し約11億ドルの損失を発生させたことに対し、取締役および監査役が、内部統制システムを構築すべき善管注意義務および忠実義務があったのにこれを怠り、また、帳簿類の偽造・虚偽記載等を知っていたにもかかわらず米国監督庁への通報を故意に遅らせたことなどにより、刑事訴追を受け罰金３億4,000万ドル、弁護士報酬1,000万ドルを支払ったこと

は、取締役および監査役の善管注意義務および忠実義務違反等によるものであるとして、損害賠償が請求された事案。

> 大阪地判平 12・9・20 商事法務 1573 号 4 頁、資料版商事法務 199 号 264 頁、判時 1721 号 3 頁

【結　果】

請求一部認容、控訴後和解成立

【裁判所の判断】

銀行ニューヨーク支店の証券ディーラーの無断取引に関連する罰金支払い等による損失および会社（銀行）に対する賠償責任に対し、下記のとおり判示し、取締役・監査役と連帯して 11 億ドルおよびこれに対する遅延損害金の賠償責任を認めたものの、監査役に対しては損害発生の立証がないとして請求を棄却した。

「監査役は、商法特例法 22 条 1 項〔注：会社法 389 条 3 項〕の適用を受ける小会社を除き、業務監査の職責を担っているから、取締役がリスク管理体制の整備を行っているか否かを監査すべき職務を負うのであり、これもまた、監査役としての善管注意義務の内容をなすものと言うべきである。」

「監査役は、取締役の職務の執行を監査する職務を負うのであり、検査部及びニューヨーク支店を担当する取締役が適切な検査方法をとっているかについても監査の対象であり、また、会計監査人が行う監査の方法及び結果が適正か否かを監査する職務も負っていた。」

「社外監査役が、監査体制を強化するために選任され、より客観的、第三者的な立場で監査を行うことが期待されていること、監査役は独任制の機関であり、監査役会が監査役の職務の執行に関する事項を定めるに当たっても、監査役の権限の行使を妨げることができないこと（商法特例法 18 条の 2 第 2 項〔注：会社法 390 条 2 項〕）を考慮すると、社外監査役は、たとえ非常勤であったとしても、常に、取締役からの報告、監査役会における報告などに基づいて受働的に監査するだけで足りるものとは言えず、常勤監査役の監査が不十分である場合には、自ら、調査権（商法 274 条 2 項〔注：会社法 381 条 2 項〕）を駆使するなどして積極的に情報収集を行い、能動的に監査を行うことが期待されているものと言うべきである。」

「常勤監査役は、取締役会、経営会議、定例役員会及び海外拠点長会議等に出席するほか、海外拠点長会議の際はニューヨーク支店長に対するヒアリングを行い、また、検査部の臨店検査の検査報告書、会計監査人の監査結果報告書を閲覧し、さらには、会計監査人の監査結果の報告、大蔵省（検査）及び日本銀行（考査）による検査の講評及び報告を受けるなど十分な監査を行っていたにもかかわらず、財務省証券の保管残高の確

認方法の問題点を発見することができなかったのであるから、ニューヨーク支店に往査し、会計監査人の監査に立ち会った監査役を除く他の監査役には、常勤非常勤を問わず、また社外であるか否かを問わず、同支店における財務省証券の保管残高の確認方法の問題点を知り得なかったものと認められ、財務省証券の保管残高の確認方法の不備につき責を負わないものというべきである。

そして、前記認定のとおり、監査役Aが平成5年9月にニューヨーク支店に往査しており（他の時期に往査を担当した監査役が誰であるかについては、主張、立証がない。）、Aは、会計監査人による財務省証券の保管残高の確認方法が不適切であることを知り得たものであり、これを是正しなかったため、〔銀行の帳簿および記録の虚偽記載等の〕行為を未然に防止することができなかったものである」。

「監査役Aは、検査方法の不備を看過した点で任務懈怠の責を負う。しかしながら、Aが、ニューヨーク支店に対し往査を実施し、検査方法の不備を発見し得たにもかかわらず、これを発見しなかったのは平成5年9月のことであり、証拠上、平成5年9月の時点で発生していた本件無断取引及び無断売却による損害額を確定することができず、したがって、Aが同支店に対する往査を実施した時点以降に損害が生じたか不明であり、Aが任務を懈怠した結果損害が生じたとの事実については立証がない。」

裁判例6

運営するドーナツ店で無認可添加物を含む肉まんを販売したことによって、運営会社に対し損害を与えたとして、取締役、監査役らに対して損害賠償が請求された事案。

> 大阪高判平18・6・9資料版商事法務268号74頁、判時1979号115頁
> 原　審：大阪地判平16・12・22資料版商事法務250号186頁、判時1892号108頁

【結　果】

原判決一部変更、上告・上告受理申立て（平成20年2月12日上告棄却・上告不受理決定）

【裁判所の判断】

未認可添加物が混入（本件混入）した肉まんの販売（本件販売）そのものについては、善管注意義務違反は認められないとしたうえで、次のように判示した。

「それぞれ本件混入及び販売等の事実を知った後、速やかに、A社（運営会社）の損害及び信用失墜を最小限度に留めるための適切な対応を講じなかった点などについて、それぞれ善管注意義務違反が認められる。」

すなわち、主要な役員の間で、本件混入および本件販売継続の経緯等について「自ら積極的には公表しない」との方針が決定され、取締役会においてはその方針について明

示的に決議されたわけではないが、「当然の前提として了解されていたのであるから、取締役会に出席した……取締役らもこの点について取締役としての善管注意義務違反の責任を免れない。」

なお、取締役らは、「自ら積極的には公表しない」との方針を、当時の立場に立てば、それは適切にして合理的な判断の1つであったから、いわゆる経営判断の原則に照らし、善管注意義務違反にはあたらないと主張する。

「しかしながら、それは、本件混入や販売継続及び隠ぺいのような重大な問題を引き起こしてしまった食品販売会社の消費者及びマスコミへの危機対応として、到底合理的なものとはいえない。……マスコミの姿勢や世論が、企業の不祥事や隠ぺい体質について敏感であり、……消極的な隠ぺいとみられる方策を重ねることは、ことが食品の安全性にかかわるだけに、企業にとっては存亡の危機をもたらす結果につながる危険性があることが、十分に予想可能であったといわなければならない」。ところが取締役らは、会社の損害及び信用失墜を最小限度に留めるための適切な方策を「取締役会で明示的に議論することもなく、『自ら積極的には公表しない』などというあいまいで、成り行き任せの方針を、手続き的にもあいまいなままに黙示的に事実上承認したのである。それは、到底、『経営判断』というに値しない」。

したがって、取締役らに「『自ら積極的には公表しない』という方針を採用し、消費者やマスコミの反応をも視野に入れた上での積極的な損害回避の方策の検討を怠った点において、善管注意義務違反のあることは明らかである。また、監査役……も、自ら上記方策の検討に参加しながら、以上のような取締役らの明らかな任務懈怠に対する監査を怠った点において、善管注意義務違反があることは明らかである。」

結論として、監査役には、加盟店に対する営業補償、信用回復のためのキャンペーン関連費用等の出捐（本件出捐）の合計105億6,100万円の2％にあたる2億1,122万円および平成16年2月24日（請求の趣旨拡張申立書送達の翌日）から支払済みまで民法所定の年5分の割合による遅延損害金を、他の取締役（8名）と連帯して支払う義務があるとした。

裁判例7

半期報告書、有価証券報告書の虚偽記載によって、株主（一般投資家）に対して損害を与えたとして、取締役、監査役らに対して損害賠償が請求された事案。

（東京地判平21・6・18判時2049号77頁）

【結　果】

　請求一部認容、控訴

【裁判所の判断】

　本件では、監査役に対して旧証券取引法および旧商法に基づく責任が問われ、下記の
とおり判示し、いずれの責任も認め、会社、取締役等と連帯して、総額約 6,200 万円の
損害賠償およびこれに対する遅延損害金の支払いを認めた。

　まず、旧証券取引法に基づく責任として、半期報告書については、

　「本件半期報告書には連結経常利益の額という重要な事項に虚偽の記載があるから
……本件半期報告書が提出された平成 16 年 6 月 30 日被告 L 社の監査役であった被告
A 及び被告 B は……、本件半期報告書の提出につき旧証取法〔注：金商法〕24 条の 5
第 5 項、22 条 1 項に基づき、当該記載が虚偽であることを知らないで L 社株式を取得
した者に対し、同法 21 条 2 項 1 号所定の免責事由が認められない限り（同法 22 条 2 項
参照）、上記の虚偽記載により生じた損害を賠償する責任を負う。」としたうえで、「被
告 A 及び被告 B は、本件半期報告書の当該虚偽記載について、どのような『相当な注意
を用いたにもかかわらず知ることができなかった』（旧証取法 21 条 2 項 1 号）を具体的
に主張立証していないし、本件全証拠を検討しても、被告 A 及び被告 B が具体的にどの
ような注意を尽くしたのか判然としない。

　したがって、被告 A 及び被告 B には、本件半期報告書の提出について、旧証取法 21
条 2 項 1 号所定の免責事由は認められず、同法 24 条の 5 第 5 項、22 条 1 項の責任を負
う」とした。

　また、有価証券報告書についても、同様に、重要な事項に虚偽の記載があり、旧証取
法所定の免責事由が認められない限り、虚偽記載により生じた損害を賠償する責任を負
うとした。これに対しては、被告 A 及び被告 B は、会計専門家である被告監査法人が無
限定適正意見を付しこれを信頼して異議を述べなかったものであり、「相当な注意」（旧
証取法 21 条 2 項 1 号）を尽くした旨主張したが、「業務一般の監査権を持ち、会社に対
して善管注意義務及び忠実義務を負う監査役として（旧商法 280 条 1 項、254 条 3 項
〔注：会社法 330 条〕、民法 644 条、旧商法 254 条ノ 3〔注：会社法 355 条〕）、被告監査法人
に対し、なぜ被告 L 社の連結財務諸表に無限定適正意見を示すに至ったのかについて具
体的に報告を求め（旧商法特例法 8 条 2 項〔注：会社法 397 条 2 項〕参照）、被告 L 社の取
締役や執行役員に対し、なぜ架空との疑念が持たれるほどの多額の売上げを期末に計上
するに至ったのかについて報告を求める（旧商法 274 条 2 項〔注：会社法 381 条 2 項〕参
照）などして、被告 L 社の会計処理の適正を確認する義務があったものというべきであ
る。そうだとすると、このような措置を何ら行わなかった被告 A 及び被告 B は、『相当
の注意を用いた』（旧証取法 21 条 2 項 1 号）とは認められない」とした。

　次に、旧商法に基づく責任であるが、これについても、上記のとおり、業務一般の監
査権を持ち、会社に対して善管注意義務及び忠実義務を負う監査役として、「被告 L 社
の会計処理の適正を確認する義務があったものというべきであり、かつ、その義務は容
易に認識し、履行し得たものと認め」、「被告 A 及び被告 B は、少なくとも重過失により

自らの任務を懈怠した者であるから、本件有価証券報告書の虚偽記載によって損害を被った者に対し、当該損害を賠償する責任を負うというべきである（旧商法280条1項、266条ノ3第1項〔注：会社法429条1項〕)」とした。

そして、賠償すべき損害額については、「原告らが本件有価証券報告書の提出後に取得したL社株式及び原告らが本件半期報告書の提出後本件有価証券報告書の提出前に取得したL社株式の双方について、1株当たり200円（ただし、取得価額（取得株価）から処分価額（売却株価）を控除した額の限度）で計算された損害額」、およびこれと相当因果関係のある損害としての弁護士費用（認容損害額の5％）を加えた額であるとした。また、「旧証取法24条の4、22条の責任は、不法行為責任の主観的要件について立証責任が転換しているとはいえ過失責任であること、賠償額や消滅時効についても何らの定めがないことに照らすと、不法行為責任としての性格をもつ責任というべきであるから、当該責任に基づく債務は、請求者が有価証券を取得した時から遅滞に陥る」として、総額約6,200万円の損害賠償金に加え、L社株式を最後に取得した日（違法行為日）から支払済みまで民法所定の年5分の割合による遅延損害金を、他の被告らと連帯して支払う責任があるとした。

なお、同種事案として、東京地判平21・5・21判時2047号36頁がある。

裁判例8

農業協同組合の代表理事が資金調達のめどが立たない状況の下で虚偽の事実を述べて堆肥センター建設事業を進めたことにつき、監査に忠実義務違反があったなどとして、監事に対して損害賠償が請求された事案。

最判平21・11・27判時2067号136頁
原　審：広島高岡山支判平19・6・14金判1342号27頁
第1審：岡山地津山支判平18・12・22金判1342号33頁

【結　果】

破棄自判

【裁判所の判断】

本件では、下記のとおり判示し、監事（被上告人）の忠実義務違反は認められないとして農業協同組合（上告人）の請求を棄却した原審を破棄し、請求を認容した。

監事の職責は、「たとえ組合において、その代表理事が理事会の一任を取り付けて業務執行を決定し、他の理事らがかかる代表理事の業務執行に深く関与せず、また、監事も理事らの業務執行の監査を逐一行わないという慣行が存在したとしても、そのような慣行自体適正なものとはいえないから、これによって軽減されるものではない。」

「被上告人は、上告人の監事として、理事会に出席し、A〔注：代表理事兼組合長〕の

……説明では、堆肥センターの建設事業が補助金の交付を受けることにより上告人自身の資金的負担のない形で実行できるか否かについて疑義があるとして、Aに対し、補助金の交付申請内容やこれが受領できる見込みに関する資料の提出を求めるなど、堆肥センターの建設資金の調達方法について調査、確認する義務があったというべきである。

しかるに、被上告人は、上記調査、確認を行うことなく、Aによって堆肥センターの建設事業が進められるのを放置したものであるから、その任務を怠ったものとして、上告人に対し、農業協同組合法39条2項、33条2項〔注：平成17年法律第87号改正前〕に基づく損害賠償責任を負うものというほかはない。」

そして、「被上告人が上記調査、確認を行っていれば、Aが補助金の交付申請をすることなく堆肥センターの建設事業を進めようとしていることが容易に判明し、同事業が進められることを阻止することができたものというべきところ、上告人は、Aによって同事業が進められた後になって、同事業の資金調達のめどが立たず、その中止を余儀なくされた結果、合計5689万4900円の損害を被ったというのであるから、被上告人が任務を怠ったことと、上告人に生じた上記損害との間には相当因果関係がある」として、被上告人に対し、損害賠償の一部請求として、1,000万円およびこれに対する訴状送達の日の翌日である平成15年7月2日から支払済みまで民法所定の年5分の割合による遅延損害金の支払が認められた。

裁判例9

第三者割当増資を行った直後に破綻した銀行の監査役に対し、増資をしても銀行が早晩破綻する危険性が高かったにもかかわらず、増資に係る取締役会において代表取締役の不法行為やその他の取締役の職務懈怠行為に反対意見を述べなかったことについて、監査役としての職務懈怠があったとして損害賠償が請求された事案。

（名古屋高金沢支判平23・4・27金法1983号60頁
原　審：金沢地判平21・5・22公刊物未登載）

【結　果】
原判決一部変更、上告受理申立て（平成25年4月24日上告不受理決定）
【裁判所の判断】
本件では、下記のとおり判示して、経営破綻した銀行の代表取締役について不法行為責任を、その他の取締役について任務懈怠責任を認めるとともに、監査役の責任を認めた。
「監査役として、新株発行のような会社の組織に関する事項も含め、取締役が職務上行う行為すべてについて、取締役が法令及び定款の定めや株主総会の決議を遵守し、会

社のため善良な管理者としての注意を払って、忠実にその職務を行っているか否かを監査し、取締役の職務執行がこれらに違反するおそれがあると認めた場合には、取締役に対し必要な助言や勧告等を行うなど、これを阻止するための行動をとる義務があるというべきである。」監査役らは、「本件各増資に係る取締役会に出席しながら、1審被告の不法行為やその余の元取締役1審被告らの職務懈怠行為に対し、その職務執行に対する反対意見を述べた形跡もないから」、監査役としての職務懈怠がある。さらに、増資前に不良債権問題について日銀や大蔵省（当時）の指摘があったことや、増資後わずかの期間に銀行が破綻した事実などから、銀行の破綻の危険性に気づく可能性は大きかったとして、その職務懈怠につき重大な過失があり、監査役らは、商法280条1項、266条の3第1項〔注：会社法429条1項〕に基づき、増資を引き受けた原告らに対して損害賠償義務を負う。

　なお、監査役らの、同銀行が債務超過状態にあること等を具体的に把握することができなかった旨の主張に対して、裁判所は「監査役は新株発行のような会社の組織に関する事項も含め、取締役が職務上行う行為すべてについて、取締役が法令及び定款の定めや株主総会の決議を遵守し、会社のため善良な管理者としての注意を払って、忠実にその職務を行っているか否かを監査することを職務とする者であるから、融資先の業況動向や、金融庁の検査官あるいは日銀の考査役との折衝状況を知らなかったというのはそれ自体職務懈怠といえる」としてその主張を退けている。また、会計監査人が無限定適正意見を付していたから監査役の責任はない旨の主張に対しても、「監査役の職務とそれに伴う義務は会計監査人がいることによってすべて免除されるものと解することはできず、会計監査人がいたからといって本件各増資に関する取締役の職務懈怠行為を放置することはできない」とした。

裁判例 10

破産会社代表取締役の任務懈怠行為に関する破産管財人が提起した同社社外監査役の損害賠償責任額の査定決定（責任限定契約を適用した査定額）に対して、社外監査役が当該任務懈怠行為における善管注意義務違反はないとして決定の取消しを求め、破産管財人が社外監査役には重過失があり責任限定契約は適用されないと反訴を提起した事案。

> 大阪高判平27・5・21判時2279号96頁
> 原　審：大阪地判平25・12・26判時2220号109頁

【結果】

　控訴棄却、上告受理申立て（平成28年2月25日上告不受理決定）

【裁判所の判断】

　破産会社の代表取締役による任務懈怠行為（不当な資金流出行為）について、公認会計士であり非常勤社外監査役Ａの善管注意義務違反の有無に対して次のように判示した。

　「監査役の監査業務の職務分担上、経営管理本部管掌業務を担当することとされていたことに加えて、取締役会への出席を通じて、代表取締役による一連の任務懈怠行為の内容を熟知していたことをも併せ考えると、Ａには、監査役の職務として、本件監査役監査規程に基づき、取締役会に対し、破産会社の資金を、定められた使途に反して合理的な理由なく不当に流出させるといった行為に対処するための内部統制システムを構築するよう助言又は勧告すべき義務があったということができる。そして、Ａが、破産会社の取締役ら又は取締役会に対し、このような助言又は勧告を行ったことを認めるに足りる証拠はないのであるから、Ａが上記助言又は勧告を行わなかったことは、上記の監査役としての義務に違反する」。

　「なお、Ａは、本件監査役監査規程は、ベストプラクティスを含むものであり、監査役があまねく遵守すべき規範を定めたものではない旨主張するが、破産会社が、日本監査役協会が定めた『監査役監査基準』や『内部統制システムに係る監査の実施基準』に準拠して本件監査役監査規程や本件内部統制システム監査の実施基準を定めていることからすると、監査役の義務違反の有無は、本件監査役監査規程や本件内部統制システム監査の実施基準に基づいて判断されるべきである」。

　一方で、Ａに職務を行うについて重大な過失があったといえるかという点に関しては、「その義務違反が、監査役としての任務懈怠に当たることを知るべきであるのに、著しく注意を欠いたためにそれを知らなかったとまで認めることはできない」として重過失は認めず、責任限定契約の定める限度で責任を負うと判示した。

裁判例 11

粉飾決算に基づく虚偽の有価証券報告書を提出して上場廃止となった会社の監査役等に対して、損害賠償が請求された事案。

> 東京高判平 30・3・23 資料版商事法務 414 号 84 頁、判時 2401 号 32 頁
> 原審：東京地判平 28・12・20 資料版商事法務 396 号 171 頁、判タ 1442 号 136 頁

【結果】

　一部認容、上告（令和 2 年 12 月 22 日一部破棄差戻し、一部棄却）

【裁判所の判断】

　a 社非常勤監査役Ａが、相当な注意を用いたにもかかわらず本件有価証券届出書の虚偽記載を知ることができなかったと認められるかどうか（金商法 21 条 2 項 1 号、22 条 2

項）について、裁判所は下記のとおり判示した。

「実際の製品の製造・販売の実績に基づく事業規模と財務諸表上表示された事業規模が極端に乖離するまでに至っているのであって、取締役らによる事業自体の違法な業務執行であることは明らかであるから、取締役らのかかる違法行為は、本来監査役の業務監査によって是正されるべきものである。そうすると、非常勤監査役Ａは、業務監査の視点から取締役ら及び会計監査人の報告をどのように分析検討し、監査役の調査権限（会社法 381 条 2 項）の行使の是非についてどのように判断したのか、免責事由を具体的に主張立証する必要がある。

この点、常勤監査役Ｐは、前記認定のとおり、平成 16 年 3 月期の売上げのうちに架空のものがあり、しかもこれに代表取締役が関与していることを認識し、また、同期の売上げに係る物品受領日の記載がない物品受領書や、確認した日付の記載がない残高確認書があったことを認識していたが、これらを取締役会に報告せず、会計監査人に対し、会計監査の前提情報として指摘することをしなかったのであるから、同期に売上計上された 6 台の半導体製造装置について、事後的に検収確認書を閲覧・確認し、売掛金の回収を確認しただけでは、業務監査の対応として不十分である。その後も、ａ社の売上げが急増したにもかかわらず売掛金の回収が進まない状況において、平成 16 年 3 月期に上記のような不正や不審な点があったことを認識していたのであるから、架空の売上げが計上されている可能性について疑問を抱き、売上げの実在性について独自の調査を行うなどの対応を執ることは十分に可能であったというべきであるが、Ｐが、会計監査人の報告を受ける以外にかかる観点から何らかの調査を行ったことをうかがわせる証拠はない。また、Ｐは、常勤監査役であったにもかかわらず原則として週に 2 日程度しか出勤しておらず、ａ社においてほぼ毎週開催されていた戦略会議にも出席していなかったにもかかわらず、主幹事証券会社の引受審査における質問に対し、毎日出勤し、戦略会議にも出席している旨虚偽の回答をするなど対外的には戦略会議に毎回出席していたかのように装っていたのであるから、取締役らの業務執行に対する日常の業務監査は不十分であったといわざるを得ない。

そして、非常勤の社外監査役であるＡは、上記のような常勤監査役Ｐの職務執行状況を認識していたか、容易に認識し得たと考えられるのに、これを是正するための何らかの対応を執った形跡がない。Ａは、取締役会、会計監査人及びＰの報告等には不審な点はなく、仮に相当な注意を用いても本件粉飾を知る可能性がなかった旨主張するが、Ａは、非常勤監査役として、常勤監査役の職務執行の適正さに疑念を生ずべき事情があるときは、これを是正するための措置を執る義務があり、また、独任制の機関として各自が単独で取締役の業務執行の適法性の監査を遂行するにつき善管注意義務を負っているところ、実際には極端に実態と乖離していたａ社の取締役の事業遂行の報告について、業務監査の視点から取締役ら及び会計監査人の報告をどのように分析検討し、監査役の

調査権限（会社法381条2項）の行使の是非についてどのように判断したのか具体的に明らかにしていないから、単に上記報告等に不審な点はないと判断し、これを信頼したというだけではAの監査役としての職務の遂行が十分なものであったとはいい難い」。

　そのうえで、Aについて、「相当な注意を用いたにもかかわらず、本件有価証券届出書の虚偽記載を知ることができなかったとは認められず、他にこれを認めるに足りる証拠はない。そうすると、Aは、金商法21条1項1号、22条1項の責任を免れることはできない」としてAの責任を認めた原審の判断を維持した（なお、本件は、原審が常勤監査役P、非常勤監査役AおよびQに対して責任を認めた事案に対して、非常勤監査役Aが控訴したものである）。

【資料12】 コーポレートガバナンス・コード（抄）
～会社の持続的な成長と中長期的な企業価値の向上のために～

(2021.6.11改訂)

　2015年、東京証券取引所が上場会社を対象に、実効的なコーポレート・ガバナンスの実現に資する主要な原則を示し、上場会社は、上場規程に基づき、コーポレートガバナンス・コードの各原則を実施するか、実施しない場合にはその理由を説明することが求められることとなりました（いわゆる「コンプライ・オア・エクスプレイン」）。

　このうち、とくに監査役に関わる原則、補充原則を抜粋して紹介します。

第1章　株主の権利・平等性の確保　＜略＞

第2章　株主以外のステークホルダーとの適切な協働　＜略＞

第3章　適切な情報開示と透明性の確保　＜略＞

第4章　取締役会等の責務

【基本原則4】

　上場会社の取締役会は、株主に対する受託者責任・説明責任を踏まえ、会社の持続的成長と中長期的な企業価値の向上を促し、収益力・資本効率等の改善を図るべく、

（1）　企業戦略等の大きな方向性を示すこと

（2）　経営陣幹部による適切なリスクテイクを支える環境整備を行うこと

（3）　独立した客観的な立場から、経営陣（執行役及びいわゆる執行役員を含む）・取締役に対する実効性の高い監督を行うこと

をはじめとする役割・責務を適切に果たすべきである。

　こうした役割・責務は、監査役会設置会社（その役割・責務の一部は監査役及び監査役会が担うこととなる）、指名委員会等設置会社、監査等委員会設置会社など、いずれの機関設計を採用する場合にも、等しく適切に果たされるべきである。

考え方

　上場会社は、通常、会社法が規定する機関設計のうち主要な3種類（監査役会設置会社、指名委員会等設置会社、監査等委員会設置会社）のいずれかを選択することとされている。前者（監査役会設置会社）は、取締役会と監査役・監査役会に統治機能を担わせる我が国独自の制度である。その制度では、監査役は、取締役・経営陣等の職務執行の監査を行うこととされており、法律に基づく調査権限が付与されている。また、独立性と高度な情報収集能力の双方を確保すべく、監査役（株主総会で選任）の半数以上は社外監査役とし、かつ常勤の監査役を置くこととされている。後者の2つは、取締役会に委員会を設置して一定の役割を担わせることにより監督機能の強化を目指すものであるという点において、諸外国にも類例が見られる制度である。上記の3種類の機関設計のいずれを採用する場合でも、重要なことは、創意工夫を施すことによりそれぞれの機関の機能を実質的かつ十分に発揮させることである。

　また、本コードを策定する大きな目的の一つは、上場会社による透明・公正かつ迅速・果断な意思決定を促すことにあるが、上場会社の意思決定のうちには、外部環境の変化その他の事情により、結果として会社

に損害を生じさせることとなるものが無いとは言い切れない。その場合、経営陣・取締役が損害賠償責任を負うか否かの判断に際しては、一般的に、その意思決定の時点における意思決定過程の合理性が重要な考慮要素の一つとなるものと考えられるが、本コードには、ここでいう意思決定過程の合理性を担保することに寄与すると考えられる内容が含まれており、本コードは、上場会社の透明・公正かつ迅速・果断な意思決定を促す効果を持つこととなるものと期待している。

　そして、支配株主は、会社及び株主共同の利益を尊重し、少数株主を不公正に取り扱ってはならないのであって、支配株主を有する上場会社には、少数株主の利益を保護するためのガバナンス体制の整備が求められる。

【原則４－１．取締役会の役割・責務(1)】～【原則４－３．取締役会の役割・責務(3)】　＜略＞

【原則４－４．監査役及び監査役会の役割・責務】
　監査役及び監査役会は、取締役の職務の執行の監査、監査役・外部会計監査人の選解任や監査報酬に係る権限の行使などの役割・責務を果たすに当たって、株主に対する受託者責任を踏まえ、独立した客観的な立場において適切な判断を行うべきである。
　また、監査役及び監査役会に期待される重要な役割・責務には、業務監査・会計監査をはじめとするいわば「守りの機能」があるが、こうした機能を含め、その役割・責務を十分に果たすためには、自らの守備範囲を過度に狭く捉えることは適切でなく、能動的・積極的に権限を行使し、取締役会においてあるいは経営陣に対して適切に意見を述べるべきである。

補充原則
４－４①　監査役会は、会社法により、その半数以上を社外監査役とすること及び常勤の監査役を置くことの双方が求められていることを踏まえ、その役割・責務を十分に果たすとの観点から、前者に由来する強固な独立性と、後者が保有する高度な情報収集力とを有機的に組み合わせて実効性を高めるべきである。また、監査役または監査役会は、社外取締役が、その独立性に影響を受けることなく情報収集力の強化を図ることができるよう、社外取締役との連携を確保すべきである。

【原則４－５．取締役・監査役等の受託者責任】
　上場会社の取締役・監査役及び経営陣は、それぞれの株主に対する受託者責任を認識し、ステークホルダーとの適切な協働を確保しつつ、会社や株主共同の利益のために行動すべきである。

【原則４－６．経営の監督と執行】～【原則４－10．任意の仕組みの活用】　＜略＞

【原則４－11．取締役会・監査役会の実効性確保のための前提条件】
　取締役会は、その役割・責務を実効的に果たすための知識・経験・能力を全体としてバランス良く備え、ジェンダーや国際性、職歴、年齢の面を含む多様性と適正規模を両立させる形で構成されるべきである。また、監査役には、適切な経験・能力及び必要な財務・会計・法務に関する知識を有する者が選任されるべきであり、特に、財務・会計に関する十分な知見を有している者が１名以上選任されるべきである。
　取締役会は、取締役会全体としての実効性に関する分析・評価を行うことなどにより、その機能の向上を図るべきである。

補充原則

4 −11① 取締役会は、経営戦略に照らして自らが備えるべきスキル等を特定した上で、取締役会の全体と
　　　　しての知識・経験・能力のバランス、多様性及び規模に関する考え方を定め、各取締役の知識・経
　　　　験・能力等を一覧化したいわゆるスキル・マトリックスをはじめ、経営環境や事業特性等に応じた
　　　　適切な形で取締役の有するスキル等の組み合わせを取締役の選任に関する方針・手続と併せて開示
　　　　すべきである。その際、独立社外取締役には、他社での経営経験を有する者を含めるべきである。

4 −11② 社外取締役・社外監査役をはじめ、取締役・監査役は、その役割・責務を適切に果たすために必
　　　　要となる時間・労力を取締役・監査役の業務に振り向けるべきである。こうした観点から、例えば、
　　　　取締役・監査役が他の上場会社の役員を兼任する場合には、その数は合理的な範囲にとどめるべき
　　　　であり、上場会社は、その兼任状況を毎年開示すべきである。

4 −11③ 取締役会は、毎年、各取締役の自己評価なども参考にしつつ、取締役会全体の実効性について分
　　　　析・評価を行い、その結果の概要を開示すべきである。

【原則４−12．取締役会における審議の活性化】 ＜略＞

【原則４−13．情報入手と支援体制】

　取締役・監査役は、その役割・責務を実効的に果たすために、能動的に情報を入手すべきであり、必
要に応じ、会社に対して追加の情報提供を求めるべきである。

　また、上場会社は、人員面を含む取締役・監査役の支援体制を整えるべきである。

　取締役会・監査役会は、各取締役・監査役が求める情報の円滑な提供が確保されているかどうかを確
認すべきである。

補充原則

4 −13① 社外取締役を含む取締役は、透明・公正かつ迅速・果断な会社の意思決定に資するとの観点から、
　　　　必要と考える場合には、会社に対して追加の情報提供を求めるべきである。また、社外監査役を含
　　　　む監査役は、法令に基づく調査権限を行使することを含め、適切に情報入手を行うべきである。

4 −13② 取締役・監査役は、必要と考える場合には、会社の費用において外部の専門家の助言を得ること
　　　　も考慮すべきである。

4 −13③ 上場会社は、取締役会及び監査役会の機能発揮に向け、内部監査部門がこれらに対しても適切に
　　　　直接報告を行う仕組みを構築すること等により、内部監査部門と取締役・監査役との連携を確保す
　　　　べきである。また、上場会社は、例えば、社外取締役・社外監査役の指示を受けて会社の情報を適
　　　　確に提供できるよう社内との連絡・調整にあたる者の選任など、社外取締役や社外監査役に必要な
　　　　情報を適確に提供するための工夫を行うべきである。

【原則４−14．取締役・監査役のトレーニング】

　新任者をはじめとする取締役・監査役は、上場会社の重要な統治機関の一翼を担う者として期待され
る役割・責務を適切に果たすため、その役割・責務に係る理解を深めるとともに、必要な知識の習得や
適切な更新等の研鑽に努めるべきである。このため、上場会社は、個々の取締役・監査役に適合したト
レーニングの機会の提供・斡旋やその費用の支援を行うべきであり、取締役会は、こうした対応が適切
にとられているか否かを確認すべきである。

補充原則

4 −14① 社外取締役・社外監査役を含む取締役・監査役は、就任の際には、会社の事業・財務・組織等に
　　　　関する必要な知識を取得し、取締役・監査役に求められる役割と責務（法的責任を含む）を十分に
　　　　理解する機会を得るべきであり、就任後においても、必要に応じ、これらを継続的に更新する機会

を得るべきである。

4－14②　上場会社は、取締役・監査役に対するトレーニングの方針について開示を行うべきである。

第5章　株主との対話

【基本原則5】

　上場会社は、その持続的な成長と中長期的な企業価値の向上に資するため、株主総 会の場以外においても、株主との間で建設的な対話を行うべきである。

　経営陣幹部・取締役（社外取締役を含む）は、こうした対話を通じて株主の声に耳を傾け、その関心・懸念に正当な関心を払うとともに、自らの経営方針を株主に分かりやすい形で明確に説明しその理解を得る努力を行い、株主を含むステークホルダーの立場に関するバランスのとれた理解と、そうした理解を踏まえた適切な対応に努めるべきである。

考え方

　「『責任ある機関投資家』の諸原則《日本版スチュワードシップ・コード》」の策定を受け、機関投資家には、投資先企業やその事業環境等に関する深い理解に基づく建設的な「目的を持った対話」（エンゲージメント）を行うことが求められている。

　上場会社にとっても、株主と平素から対話を行い、具体的な経営戦略や経営計画などに対する理解を得るとともに懸念があれば適切に対応を講じることは、経営の正統性の基盤を強化し、持続的な成長に向けた取組みに邁進する上で極めて有益である。また、一般に、上場会社の経営陣・取締役は、従業員・取引先・金融機関とは日常的に接触し、その意見に触れる機会には恵まれているが、これらはいずれも賃金債権、貸付債権等の債権者であり、株主と接する機会は限られている。経営陣幹部・取締役が、株主との対話を通じてその声に耳を傾けることは、資本提供者の目線からの経営分析や意見を吸収し、持続的な成長に向けた健全な企業家精神を喚起する機会を得る、ということも意味する。

【原則5－1．株主との建設的な対話に関する方針】

　上場会社は、株主からの対話（面談）の申込みに対しては、会社の持続的な成長と中長期的な企業価値の向上に資するよう、合理的な範囲で前向きに対応すべきである。取締役会は、株主との建設的な対話を促進するための体制整備・取組みに関する方針を検討・承認し、開示すべきである。

補充原則

5－1①　株主との実際の対話（面談）の対応者については、株主の希望と面談の主な関心事項も踏まえた上で、合理的な範囲で、経営陣幹部、社外取締役を含む取締役または監査役が面談に臨むことを基本とすべきである。

5－1②・③　＜略＞

【原則5－2．経営戦略や経営計画の策定・公表】　＜略＞

経営法友会

　企業法務担当者の情報交換の場として 1971 年に発足した任意団体。2021 年に 50 周年を迎える。同年 6 月現在、1,300 社を超える会員企業を擁し、会員企業向けセミナーの開催、具体的テーマについて会員企業の法務担当者が集結し議論する研究会の設置など、さまざまな事業を展開している。

　会社法研究会は、2019 年会社法改正をふまえた実務対応を研究テーマとして設置され、本ガイドブック改訂を重要ミッションのひとつとして位置づけ、活動中である。

　https://www.keieihoyukai.jp/

監査役ガイドブック〔全訂第 4 版〕

1986年 4 月 1 日	初　版第 1 刷発行
1989年 4 月 1 日	改訂版第 1 刷発行
1992年 7 月 5 日	改訂第二版第 1 刷発行
1994年 2 月20日	新訂版第 1 刷発行
2002年 8 月31日	新訂第二版第 1 刷発行
2006年 8 月16日	全訂版第 1 刷発行
2010年 3 月31日	全訂第 2 版第 1 刷発行
2015年 6 月30日	全訂第 3 版第 1 刷発行
2021年 8 月12日	全訂第 4 版第 1 刷発行

編　　者　　経営法友会 会社法研究会

発 行 者　　石 川 雅 規

発 行 所　　㈱ 商 事 法 務

　　〒103-0025　東京都中央区日本橋茅場町3-9-10
　　TEL 03-5614-5643・FAX 03-3664-8844〔営業〕
　　TEL 03-5614-5649〔編集〕
　　https://www.shojihomu.co.jp/

落丁・乱丁本はお取り替えいたします。　　　印刷／そうめいコミュニケーションプリンティング
© 2021 経営法友会　　　　　　　　　　　　　　Printed in Japan
　　　　　　　　　　　　　　Shojihomu Co., Ltd.
　　　　ISBN978-4-7857-2880-9
　　　　＊定価はカバーに表示してあります。

[JCOPY] ＜出版者著作権管理機構 委託出版物＞
本書の無断複製は著作権法上での例外を除き禁じられています。
複製される場合は、そのつど事前に、出版者著作権管理機構
(電話03-5244-5088、FAX 03-5244-5089、e-mail: info@jcopy.or.jp)
の許諾を得てください。